前　言

2008年出版的《现代礼仪》教材，受到了广大师生和读者的热情关注，促成我们于2012年又出版了《现代礼仪》（第2版）。难得的是该书出版以来，始终被一些学校选用作为教材，这从一定程度上说明了该书的实用性和可持续性。在此，对认可该书的学校和师生表示衷心的感谢！

距离《现代礼仪》（第2版）的出版已经过去了十多年的时间，从大的社会生存环境到个人的生活方式，从教材编写的指导思想、设计理念和教材适用的时代背景到服务人群等方面都发生了巨大的变化。近年来，我国综合国力和国际地位不断提高，正在向全世界展示开放、民主、文明、进步的国家形象和大国风范。作为社会文明传承人的当代学生更应该以赓续中华礼仪为己任，提升并彰显个人的礼仪和修养，树立代表新时代中国的良好个人形象，成就自我、服务社会、报效国家。

党的二十大报告指出，育人的根本在于立德。为了能够顺应社会发展，紧跟时代步伐，帮助当代学生成功应对机遇与挑战并存的现实生活，我们对原有教材的内容进行了重大的改进，增加了"沟通"的内容，也将教材名称更改为《现代礼仪与沟通》。礼仪与沟通不仅可以展现一个人的教养、风度和魅力，还能展现一个人的学识、修养和内涵，是道德素养的体现，也是道德实践的载体。礼仪与沟通是一个人立足社会的基本前提，更是成就事业、获得成功的必要条件。

本书由礼仪篇与沟通篇两部分组成。依据职业学校的培养目标，对传统礼仪与沟通课程内容进行了优化与重组。设置基础知识、校园生活、社会生活、职场生活等仿真场景，通过"任务实施"驱动知识学习和技能训练。礼仪篇与沟通篇分别由五个部分构成，其中礼仪篇由初识礼仪、个人礼仪、校园礼仪、公共礼仪和职业礼仪构成。沟通篇由初识沟通、沟通技能、校园沟通、面试沟通和职场沟通构成，所涉及的知识和技能基本满足学生日常交往和职业发展实际需求，希望本书能够为广大学生的自我提升和未来发展提供支持和帮助。

本书编写主要突出以下几方面特色：

第一，立德树人，格高意远，兼顾时代性与思想性。本书将"课程思政"的理念作为贯穿全书的脉络，改变传统礼仪、沟通教育停留在行为动作的层面，将教学落脚点放在素质教育、个人修养、家国情怀的层面，将教学场景置身于当代中国的快速发展情境之中，以全新的视角搭建知识脉络，以创新的形式教书育人，满足当代学生发展的需求。

第二，项目导向，任务驱动，实现教学做一体化。根据职业院校的特点，以"项目导向、任务驱动、教学做一体化"为指导思想，以学生的视角设置多种仿真场景，以完成项目为导向，以任务情景引导为主线，通过任务实施驱动知识学习、技能训练和素质提升。

第三，多元配置资源，线上线下结合，助力混合式教学。本书配有大量的数字化资源，如二维码、课件以及电子教案等。师生可通过扫描书中的二维码观看拓展内容和视频，从而提高课堂教学效果，引发学生学习兴趣。值得一提的是，本书配置的大量照片和视频，均来自职业院校师生之手，为本书量身制作。

第四，守正创新，继往开来，兼顾创新性与延承性。本书是在《现代礼仪》（第2版）的基础上编写而成的，在这次编写过程中，既沿袭了原教材编写的风格，又注入了新时代中国的崭新视角。编写组成员均来自教学一线，既有参与过前两版教材编写、经验丰富的原作者，又有充满活力的年轻教师，为本书编写注入了新的理念、新的设想，更好地保证了创新与延承。

衷心感谢为本书拍摄照片和视频资料的民政职业大学的老师和学生们——摄影指导赵天老师、祁海军同学，担任模特的老年福祉学院南丁格尔志愿服务队的孙航、王晶宇、马佳怡、邱敏、王展鹏、李一坤、杨怡琳、孙佳宁、李文姗、彭雨倩等同学（书中引用的图片均经当事人许可）。在此对他们的辛勤付出及学院领导的鼎力支持表示由衷的感谢！

本书在编写过程中参考、借鉴了大量文献，在此一并向相关专家、学者们表示衷心的感谢！由于编者水平有限，本书难免存在疏漏和不足之处，敬请广大读者批评指正。

编　者

目 录

前言

01 礼仪篇

项目引导　好的生活从好的礼仪开始——初识礼仪
　　任务一　了解礼仪知识　　　　　　　　　　　　　/ 002
　　任务二　提升个人修养　　　　　　　　　　　　　/ 006

项目一　塑造阳光青春的最美形象——个人礼仪
　　任务一　打造美好形象（仪容礼仪）　　　　　　　/ 009
　　任务二　培养审美素养（仪表礼仪）　　　　　　　/ 014
　　任务三　养成得体举止（仪态礼仪）　　　　　　　/ 018

项目二　营造文明书香的校园生活——校园礼仪
　　任务一　校园场所礼仪　　　　　　　　　　　　　/ 027
　　任务二　庆典活动礼仪　　　　　　　　　　　　　/ 035

项目三　建立和谐友善的人际关系——公共礼仪
　　任务一　学会以礼待人（人际交往礼仪）　　　　　/ 039
　　任务二　倡导社会文明（公共场所礼仪）　　　　　/ 049

项目四　开启行稳致远的职业生涯——职业礼仪
　　任务一　敲开职场大门（求职面试礼仪）　　　　　/ 055
　　任务二　遵从职场规则（职场办公礼仪）　　　　　/ 061

02 沟通篇

项目引导　好的人生从好的沟通开始——初识沟通
　　任务一　了解沟通知识　　　　　　　　　　　　　/ 071
　　任务二　探究沟通意义　　　　　　　　　　　　　/ 076

项目一　应对无处不在的人际交往——沟通技能
　　任务一　掌握沟通方式　　　　　　　　　　　　　/ 080
　　任务二　练就沟通技巧　　　　　　　　　　　　　/ 087
　　任务三　化解人际冲突　　　　　　　　　　　　　/ 095

项目二　不负春光韶华的同窗之情——校园沟通
　　任务一　珍惜最美相遇（同学沟通）　　　　　　　/ 099
　　任务二　结识良师益友（师生沟通）　　　　　　　/ 105
　　任务三　学会健康交往（异性沟通）　　　　　　　/ 110

项目三　获得职场认可的第一步——面试沟通
　　任务一　了解面试那些事　　　　　　　　　　　　/ 114
　　任务二　把握面试沟通要点　　　　　　　　　　　/ 119
　　任务三　破解面试常见问题　　　　　　　　　　　/ 124

项目四　营造和谐向上的工作氛围——职场沟通
　　任务一　建立良好关系（同事沟通）　　　　　　　/ 128
　　任务二　赢得客户信任（服务对象沟通）　　　　　/ 135
　　任务三　实现合作共赢（群体沟通）　　　　　　　/ 140

参考文献　　　　　　　　　　　　　　　　　　　 / 146

01 礼仪篇

项目引导　好的生活从好的礼仪开始——初识礼仪

项目导语

2023年10月17日晚，北京人民大会堂举办了一场别开生面的国宴，热情款待出席第三届"一带一路"国际合作高峰论坛的各国贵宾。宴会不仅呈现了中国的美食佳肴，还通过一处处细节设计，将文明礼仪融入其中，彰显了中国的大国风范和丝路文化。中国具有五千年的文明历史，素有"礼仪之邦"之称。礼仪文明作为中国传统文化的重要组成部分，对中国社会历史发展产生了广泛而深刻的影响。

习近平总书记指出："要注重塑造我国的国家形象，重点展示中国历史底蕴深厚、各民族多元一体、文化多样和谐的文明大国形象，政治清明、经济发展、文化繁荣、社会稳定、人民团结、山河秀美的东方大国形象，坚持和平发展、促进共同发展、维护国际公平正义、为人类作出贡献的负责任大国形象，对外更加开放、更加具有亲和力、充满希望、充满活力的社会主义大国形象。"

随着我国综合国力和国际地位的日益提升，在加速演变的世界格局中，中国特色大国外交如同一股温暖的新风，为世界带来稳定人心、传递希望的强大力量，而礼仪则是树立大国形象的"硬功夫"。

项目构成

任务一：了解礼仪知识

任务二：提升个人修养

项目目标

知识目标

了解礼的起源、发展、原则及功能。

技能目标

掌握提升个人礼仪修养的途径，能够在理论上和实践中知礼守礼。

素养目标

提高个人礼仪素养，塑造彬彬有礼、温文尔雅的礼仪形象。

任务一 了解礼仪知识

任务情景

王森和李明在奥运会志愿者工作中，需要向外国运动员做一次以"中国礼仪的起源与发展"为主题的分享，他们需要收集关于"礼"的起源和发展的相关资料，你能帮助他们提供一些吗？

明确任务

"礼"的起源与发展。

知识讲解

"礼"在字典上的解释是：社会生活由于风俗习惯而形成的，为大家共同遵守的仪式，"仪"是指人的外表，"礼仪"指礼节仪式。

知识点一 礼的起源与发展

1. 礼的起源

"礼"字的演变过程如下图所示。

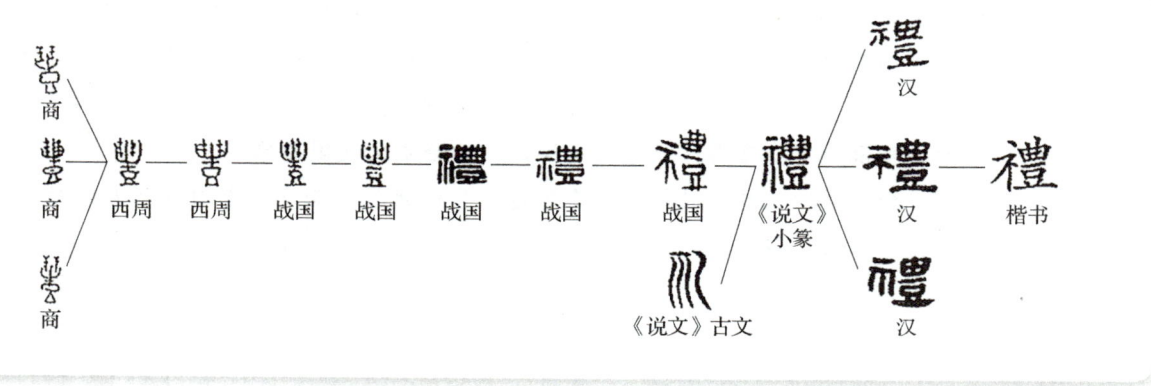

● "礼"字的演变过程

"礼"在甲骨文和早期金文中作"豊"，并无"示"字旁。甲骨文"豊"在图中最左侧三个字，上面部分是两个"玉"字。下面部分，有两种说法，一种是下面部分为某种高脚的盘，类似于豆，古代用作祭器；盘中放着两串"玉"，古代玉是贵重的物品，用玉敬神表示人对神的敬重。"豊"是在举行礼仪、敬神。另一种是下面部分为"壴"字，即鼓的象形初文。古代举行祭祀仪式时，除了用贵重物品做祭品外，还必须奏乐。在先民们看来，物莫贵于玉，乐莫重于鼓，击鼓奏乐，捧玉奉献，无疑是最高、最神圣的仪式。发展到战国后期，"豊"加上了"示"字旁，也体现了"礼"与祭祀之间的密切关系。

东汉许慎在《说文解字》中对"礼"的解释是这样的："礼，履也，所以事神致福也。"清代徐灏《说文解字注笺》说："履谓履而行之也，礼之名，起于事神。"礼作为一种行动方案——履，最初用于敬天事神，规约祭祀的程式、节度、言辞和器物，承载人对神的虔诚笃敬。古代祭祀活动都有严格的程序，必须按照一定的方式进行。

还有一些不同的观点，如认为"礼"是风俗习惯的形成，是人们在长期交往活动中逐渐形成的、固定的交往规范。还有观点认为"礼"是为了表达尊重、敬畏的感情而存在的。

但无论哪种说法，都能够看出，"礼"的起源很早，而且"礼"的发展源远流长，在古往今来的社会交往中都有非常重要的作用。

2."礼"的发展

"礼"的发展经历了一个从无到有，从低级到高级、从零散到完备的发展过程。虽然地理环境不同，历史文化背景不同，中外礼仪存在着一定的差异，但无论哪国礼仪，都反映了人类对于真善美的追求。

中国漫长的礼仪发展过程按照时代可以分为礼仪的产生时期、礼仪的形成时期、礼仪的曲折发展时期、当代礼仪时期。每个时期的礼仪都根据时代的不同、经济情况等因素的不同，出现了不同的礼制。

（1）礼仪的产生时期　距今约三万年的北京山顶洞人，在死去的族人身旁撒放赤铁矿粉，来祭祀族人，这是目前发现最早的葬仪。进入新石器时期，原始礼仪出现，例如半坡遗址中因死者身份的不同，坑位排列有序，并且有仰身葬和俯身葬的区别，以及有无殉葬品的区别等。根据记载，在仰韶时期，已经出现尊卑、男女、长幼座席礼制。

（2）礼仪的形成时期　礼仪形成时期非常早，自公元前21世纪开始的夏朝，尊神祭祀活动就已出现，且越来越多。夏商时期，在祭祀中要遵照一定的程序，并且呈上进贡的祭品。周朝时期，尤其是周武王的兄弟——周公旦制作礼乐，将人们的行为举止等都纳入一个尊卑有序的模式中，并撰写了《周礼》，成为现存的中国第一部礼仪专著。其中详细介绍了周朝典章制度，介绍六类官名：天官、地官、春官、夏官、秋官、冬官。其中春官主管的五礼"吉礼（祭祀的礼仪）、凶礼（丧葬礼仪）、宾礼（会盟礼节）、军礼（阅兵出征等礼节）、嘉礼（冠礼、婚礼等）"是主要的礼仪的体现。由此可见，礼仪在那个时期已经初步形成。

（3）礼仪的曲折发展时期　孔子、荀子等思想大家的出现，将礼仪推向了高潮。孔子认为"不学礼，无以立"，要求人们做到"非礼勿视、非礼勿听、非礼勿言、非礼勿动"。荀子主张"隆礼""重法"，强调礼法并重，他提出："礼之于正国家也，如权衡之于轻重也，如绳墨之于曲直也，故人无礼不生，事无礼不成，国无礼不宁。"汉朝时期编纂的《礼记》，包含49篇，是上古礼仪集大成者，盛唐时期将《礼记》编为《礼经》，与《周礼》《仪礼》并称为礼经三书。清代时期，满蒙礼制与汉族礼制结合，但随着清朝衰落，古代礼仪逐渐衰落，随着西方礼仪的传入，中西礼仪开始融合，民国时期开始取消一些陋习，西方礼仪开始盛行。

（4）当代礼仪时期　经过发展，我国当代礼仪抛弃糟粕，吸取精华，开创了新时代的礼仪文化，如"五讲四美""社会主义核心价值观"等，都传承了中华民族传统美德及文化。在婚丧礼仪、节日礼仪等方面，逐渐发展出新的礼仪体系，抛弃了落后文化内容，结合当代产生新的礼仪模式，展现了新形势下中华民族的精神风貌。

知识点二　礼仪的特征、原则、功能

礼仪的特征是什么？是否有相应要遵守的原则？礼仪又有什么功能？

敲黑板

"仓廪实而知礼节，衣食足而知荣辱"，随着社会的快速发展，人们生活水平的不断提高，物质的极大丰富，使得人们对精神世界有着更高的追求，人们对整个社会交往过程中的所有成员行为规范的要求也越来越高。

礼仪已经渗透到人们生活的方方面面，讲究礼仪不仅是尊重别人，也是尊重自己。

礼仪不同于法律和道德的功能，有自己独有的特征、原则及功能。

1. 礼仪的特征

（1）时代性　礼仪作为一种文化范畴，具有浓厚的时代特色。礼仪会随着时代的发展而变化，随着国内外交往的频繁而吐故纳新，相互融合。

（2）地域性　礼仪虽是全世界人民共同拥有的，但因为民族、国别、文化、宗教的不同，而出现不同的礼仪规范。例如我们常用的"OK"手势，在巴西是指责他人行为不端的意思；吃饭时发出"吧唧"的声音，常常被认为不礼貌，但在日本和韩国，则被认为是表达食物很美味。

（3）规范性　礼仪属于道德范畴，是礼节和仪式的总称。对人们的言行举止和社会交往有普遍的规范和约束作用。遵循礼仪规范的人，会得到他人的喜爱和认可；违反礼仪规范的人，会被他人反感、谴责、批评等。

（4）传承性　每个国家或者地区的礼仪，都受历史和风俗习惯影响，礼仪是文化的一部分，代表文化的传承。

2. 礼仪的原则

礼仪的原则如下图所示。

尊重的原则：在人际交往中尊重对方的人格尊严，是最基本的原则。尊重原则首先表现为真诚待人，不说谎，不虚伪，不骗人。其次表现为对他人的正确认识，尊重他人的隐私

适度的原则：应用礼仪时要注意适度得体，把握分寸。礼仪是一种程序规定，而程序自身就是一种"度"。礼仪无论是表示尊敬还是热情都有一个"度"的问题，没有"度"，施礼就可能进入误区

遵守的原则：在交际应酬中，每一位参与者都必须自觉、自愿地遵守礼仪，用礼仪去规范自己在交往活动中的言行举止。遵守原则是对行为主体提出的基本要求，更是人格素质的基本体现。只有遵守礼仪规范，才能赢得他人的尊重，确保交际活动达到预期的目标

自律的原则：自律就是自我约束，按照礼仪规范严格要求自己，知道自己该做什么，不该做什么。自律原则是礼仪的基础和出发点。在交往过程中要克己、慎重、积极主动、自觉自愿、礼貌待人、表里如一。学习、应用礼仪，最重要的就是要自我要求、自我约束、自我对照、自我反省、自我检查，不能妄自尊大、口是心非

● 礼仪的原则

3. 礼仪的功能

（1）约束教化的功能　礼仪具有道德的功能，对人们的社会行为有潜移默化的影响，具有很强的约束力，对全社会成员产生约束作用。礼仪形成、完善、凝结，并通过代际传承，产生教化作用，在社会进步中，有着重要的意义。

（2）加强人际交往与沟通功能　礼仪涵盖着良好的形象、恰当的行为举止、礼貌的语言等，这些都有助于建立良好的人际交往与沟通关系。衣着大方得体，装扮美观会给他人留下良好的第一印象；恰当的行为举止传

> **划重点**
>
> "人无礼不生，事无礼不成，国家无礼不宁。"礼是一种社会规范和道德准则，只有人人尊礼守法，才能形成和谐的社会环境，个人才能安居乐业。

递出对他人的尊重、重视，行为举止传递的信息往往能够达到"此时无声胜有声"的效果；礼貌的语言展示出个人的文明教养，传递出有声的尊重、关心、温暖，有助于加强沟通，联络感情，建立良好的人际关系。

（3）和谐稳定社会的功能　一个国家是否有良好的礼仪规范，是一个国家文明程度高低的标志，人们在交往过程中学习礼仪、遵守礼仪、传承礼仪，家庭才能温暖安宁，邻里才能和睦互助，社会才能和谐稳定。

任务实施

根据所学内容，填写下表，帮助王森和李明梳理"礼"的起源与发展的资料。

内容	资料
礼的起源	甲骨文与早期金文的礼： 许慎《说文解字》的礼： 《说文解字注笺》的礼： _____的礼：
礼的发展	《周礼》中的礼： 《礼记》中的礼： 《仪礼》中的礼： 现当代的礼仪：

任务练习与思考

礼仪指数自测

1）你见到认识的人会微笑打招呼吗？　　　　　　　　　　是（　　）　否（　　）
2）别人在说话时，你会一直专心听吗？　　　　　　　　　是（　　）　否（　　）
3）你对别人有意见时，会三思之后，私底下委婉提出吗？　是（　　）　否（　　）
4）你会诚恳公开地赞美别人吗？　　　　　　　　　　　　是（　　）　否（　　）
5）你会注意克制自己不提高嗓门讲话、乱发脾气吗？　　　是（　　）　否（　　）
6）在该说谢谢时，你都说了吗？　　　　　　　　　　　　是（　　）　否（　　）
7）你随时注意自己的仪容整洁吗？　　　　　　　　　　　是（　　）　否（　　）
8）你做了不适宜的事，会毫不避讳而真诚地道歉吗？　　　是（　　）　否（　　）

答6个以上"是"，礼仪指数为"较高"；答4—6个"是"，礼仪指数为"一般"；答4个以下"是"，礼仪指数较低，要加油！

礼仪知识知多少

不同国家（地区）、不同民族都有自己独特的礼仪风俗与禁忌，请选择一个国家（地区）或民族，收集相关礼仪传统，制作 PPT，上传至班级群进行展示，全班共同评分。

任务二 提升个人修养

任务情景

小文参加了学校礼仪队，老师要求他们平时要通过多种途径提高自己的礼仪修养。老师说："支撑良好礼仪风貌的，除了仪容仪表及举止姿态，更重要的是来自内在的涵养和思想。"

小文应该怎样提升自己的礼仪修养呢？请你帮帮她吧。

明确任务

提升自身礼仪修养。

知识讲解

个人礼仪修养要求人们通过努力，克服自身不良习惯，不断完善自己的行为活动，以达到大众认可的标准。个人礼仪修养的提升可以从以下几个方面多途径共同实施。

1. 提高个人素质

青年人的发展都在以各种方式追求进步。加强个人礼仪修养是提高个人素质、发展进步的必要方式。拥有良好的礼仪修养需要积累深厚的底蕴和内涵，提高内在实力和吸引力，使青年人更有能力、有信心充分展示自我，提高个人素质和竞争力。自觉遵守礼仪和社会规范的人，被认为是"成熟的人、可靠的人"，反之会被认为是缺乏修养的人，不受社会和就业单位的欢迎。孔子认为"不学礼，无以立"，学习礼仪和实践礼仪，有利于提高个人素质，将来能够让学生更快地适应职场和社会。

2. 和谐人际关系

人是社会的，人们相互沟通交流来满足需要，促进个人发展、社会发展。青年学生是否能够与他人建立起良好的人际关系，对个人的成长和发展有着十分重要的影响。

研究显示，那些懂得怎样解决人际交往问题的人，其身心更加健康，而且更会关心他人，富有同情心。有一部分青年学生，渴望与周围的人建立良好的人际关系，但是缺乏礼仪修养和交际技巧，无法有效准确地表达自己的情感和思想，导致人际关系受挫。良好的礼仪与沟通，能够赢得和谐的人际关系；和谐的人际关系也能反作用于沟通，使交流更加顺畅，使人际关系更加融洽，生存环境更加的宽松。英国教育家洛克认为："大多数的青年入世的时候，都因为不持重、缺少礼仪，而吃尽了苦头。"青年学生从学校走向就业岗位，如何与领导、同事、合作对象等建立起良好的人际关系，如何尽快地适应社会生活都成为迫切需要解决的问题。

3. 树立国家形象

个人礼仪修养的加强，是增强人们的文明意识，不断推进社会主义精神文明建设的重要途径。我国自古以来都将礼仪看作定国安邦之本，个人礼仪修养的加强，对个体而言，是衡量个人文明教养、道德水平高低的尺度，是一个人的文化修养、交际能力的外在表现；对国家而言，是衡量国民素质高低、社会文明和谐程度的重要标志，对稳定社会秩序、树立国家形象，赢得世界尊重有着重要意义。

> 如何提升礼仪修养呢？
> **敲黑板**

知识点一　自觉养成文明的习惯

礼仪渗透在生活的方方面面，礼仪也是展示自我的名片。习惯往往展现了一个人无意识的表现，体现了一个人的礼仪修养。养成良好的习惯，在交际场合能够自然而然地表现出文明礼貌的行为，从而受到他人的欢迎。所以在生活中，要时时刻刻注重礼仪，保持文明良好的行为，养成文明的习惯，才能真正成为一个文明有礼的人。

知识点二　增强语言文学修养

现实生活中，人们会喜欢言谈风趣、出口成章的人，这是需要大量的阅读和学习积累的，只有满腹经纶、学富五车，谈话才能逻辑清晰、令人信服、妙语连珠。

要加强语言修养，可以增加阅读量，留意书籍上的箴言妙语；可以拓宽自己的视野，完善自己的思想，让思想深邃、逻辑清晰、语言美好。

知识点三　广泛学习礼仪知识

生活中要有意识地多注意和学习礼仪知识。我国的礼仪传统丰富浩繁，各国各地的礼仪风俗也各有特点，要主动收集、学习、使用各种礼仪，才能够不断提升自己的礼仪修养水平，才能在人际交往中有礼、有度，在日常生活中赢得他人的尊重和喜欢，在工作交际中顺风顺水、游刃有余。

案例链接

在一次朋友的乔迁聚会中，郑灵遇到了几个不认识的人。当时她的朋友正忙着招呼客人，没顾得上关照她，性格内向的郑灵胆怯地坐在客厅一角，不知道怎么去跟陌生人寒暄。这时，一位先生有礼貌地跟她打招呼："您好，我叫闻江，请问您怎么称呼？"紧张的郑灵慌乱地说："我姓郑，叫我郑小姐就行。"这位先生听到这里，礼貌微笑地离开了。

请问郑灵哪里做得不妥？

案例思考：
郑灵的不妥之处

知识点四　注重礼仪实践

在人际交往中，仅仅掌握理论上的礼仪知识是远远不够的，需要在生活中多多实践运用。不管是在校园中还是在公共场合等，都应当自觉增强文明意识，培养文明行为，养成文明的习惯。只有多去实践，才能够让讲究礼仪成为我们行为的一部分，自然而然地展

> **划重点**
>
> "博学于文，约之以礼。"人的一言一行都离不开"礼"的约束。彬彬有礼的风度不是先天具有的，需要通过后天的自我塑造、自我提升加以完善。

现出自己彬彬有礼的形象。

礼仪是人际关系的"通行证",礼仪能够帮助我们渡过难关,促进事业的发展,生活及爱情的良性运转。

提高精神品位,增强文化修养,能够将中国"礼仪之邦"的良好风貌及礼仪文化传承下来,推进社会发展进步。

任务实施

《大学》提出,格物、致知、诚意、正心是修身的重要途径。曾子曰:"吾日三省吾身:为人谋而不忠乎?与朋友交而不信乎?传不习乎?"提升个人修养重在反省,填写下表反省自己的行为,提升个人修养。

修养	行为
格物	理解_____知识:_____
致知	运用_____知识:_____
诚意	做事或与人相处时,自己的态度:☐ 诚实守信 ☐ 认真
正心	做事或与人相处时,对他人的态度:☐ 去除私念与偏见 ☐ 保持公平和公正
提升方案	

任务练习与思考

礼仪知识闯关赛

全班同学分为四组,各组每关选派1名代表答题。礼仪知识闯关赛关卡设置见下表。

关卡	分值	任务
第一关"礼仪名言"	30分	各组依次说出一句关于礼仪的名言警句,并准确解释句意
第二关"礼仪故事"	40分	各组依次讲述一则关于礼仪的小故事,并阐释故事内涵
第三关"礼仪实践"	30分	各组课前分别准备一则日常生活中的礼仪案例,要求案例至少包含3条礼仪错误

课上各组依次展示礼仪案例,采取抢答方式(出题组不答),第三关率先找到全部错误的小组加10分。

项目一 塑造阳光青春的最美形象——个人礼仪

📧 项目导语

近些年，我国外交部发言人以其稳重得体、庄重大方的着装，不卑不亢、平和自信的举止，铿锵有力、掷地有声的发言走红网络，被国民尊称为"外交天团"。"外交天团"的存在给国际关系注入了新的活力，他们的形象已经成为向世界彰显中国大国风范、礼仪之邦的"名片"。形象是指人的外貌，包括人的仪容、仪表和仪态等方面，反映了一个人的精神状态、修养学识。塑造阳光积极的个人形象，对个人而言能够有利于生活、事业的发展，对社会而言能够促进和谐友善的社会风气的形成。

项目构成

任务一：打造美好形象（仪容礼仪）
任务二：培养审美素养（仪表礼仪）
任务三：养成得体举止（仪态礼仪）

✓ 项目目标

知识目标
了解仪容、仪表和仪态的概念及对塑造个人形象的重要意义；
掌握个人礼仪的基本原则和要求。

技能目标
能够利用所学知识正确修饰自己的仪容、仪表，塑造大方得体的仪态。

素养目标
培养正确的审美观，提高感受美、鉴赏美、创造美的能力，展现当代学生阳光、青春的美好形象。

任务一 打造美好形象（仪容礼仪）

孔子在《大戴礼·劝学》中说："君子不可以不学，见人不可以不饰。不饰无貌，无貌不敬，不敬无礼，无礼不立。"可见在古时人们就非常重视对容貌的修饰。

仪容是指个人的容貌，它是由面容、发型以及所有未被服饰遮掩、暴露在外的肌肤构成的。仪容是个人形象的重要组成部分，它反映一个人的精神面貌、朝气和活力，是传达给接触对象感官最直接、最生动的一个信息。在社会交往中，良好的仪容不仅是个人涵养的外在表现，更是对他人的一种尊重。

任务情景

近年来,我国大力发展职业教育,高度重视技能型人才,职业院校成为越来越多学生的第一选择。王蕊就是其中的一分子,经过12年的勤奋学习,终于如愿以偿,即将成为一名高职院校的学生。马上就要到开学报到的日子了,她的心情无比激动,又有些紧张,除了准备开学必需的相关材料,她思考最多的就是怎么给老师和同学留下完美的第一印象。

明确任务

为了给老师和同学留下完美的第一印象,王蕊应该如何修饰自己的仪容呢?

> 与人第一次交往时给人留下的印象,会在对方的头脑中形成并占据着主导地位,这种效应即为首因效应。在个人的仪表问题上,仪容是重中之重。在人际交往中,每个人的仪容都会引起交往对象的特别关注,并影响到对方对自己的整体评价。
>
>
> 敲黑板

知识讲解

仪容礼仪的基本原则是干净、整洁、修饰避人,主要是从头发、面容、肢体三方面进行修饰。

知识点一　头发

1. 头发的清洁

我们应该养成定期洗头的习惯,建议每周3~4次。在夏季油性发质可以适当增加洗头次数,在冬季干性发质则应适当减少洗头次数。清洗头部的时候要注意洗发液的选择,避免使用碱性过大的洗发液。在洗发后护发可以保持头发柔顺、光滑,修复受损的发质。一些头皮屑过多的人,应选用去头屑洗发剂,并随时留意不要让上衣和肩背落有头皮屑,否则会给人留下不洁的感觉。

2. 发型的修饰

发型的选择应综合考虑自身的脸型、肤色、身材、气质等因素,选择符合自己的身份和职业特点的发型。具体应做到以下几点:

（1）**头发长短适中,定期理发**　对于王蕊这样的在校生而言,应做到发型简洁明快,适合自身年龄特点,避免发型成人化,不应烫发、染发和留披肩发,更不能留怪异发式。男同学发型要求为头发前不盖眉,侧不掩耳,后不及领。

（2）**发型与场合**　女性可根据年龄、职业、场合的不同,选择不同的发型。出入一般社交场合时,需要穿着休闲系列的服装,应选择自然披散或束发,给人以活泼、潇洒、柔美的感觉。出入正式的商务场合时,需要穿着比较正式的西装套裙,选择端庄、大方、朴素典雅的发型,要简单、明快、少装饰。

（3）**发型与脸型**　不同脸型适合不同发型,倒三角形脸的女士适合选择掩饰上部、增宽下部的发型;正三角形脸的女士可以选择能增宽上部的波浪形发卷;方形脸的女士适合选择卷曲的波浪发型,以改善方脸的形状;长形脸的女士适合选择蓬松的发型,以增宽面部;圆脸的女士适合选择柔顺的长发,以拉长面部;高颧骨女士适合清爽直发;额头大的女士适合自然随意刘海儿。

（4）**发型与体型**　体型高瘦的女士适合选择长发、直发,使头发显得厚重;体型矮小的女士适合选择短发或盘发,给人以秀气之感。体型高大的女士适合选择直发或大波浪卷发,给人以简洁、明快之感;体型矮胖的女士适合选择运动式发型,给人以健康之感。

男女不同场合适宜的发型见下图。

男士发型　　女士运动休闲　　女士商务场合　　女士庄重晚宴

● 男女不同场合适宜的发型

即时演练

请你给下图中的脸型设计出适宜的发型。

● 脸型

知识点二　面容

1. 面容的清洁

作为青年人，我们应保持面部清爽，使自己容光焕发、充满青春活力。具体包括：

（1）**眉毛**　可以根据自身眉毛状态进行适当修饰。如眉毛较少、较短或较细的人，可以描眉；眉毛过长或杂乱的人，可以修眉。

（2）**眼睛**　保持清洁，无分泌物。日常生活中要注意预防眼部疾病，如沙眼、结膜炎等，若眼睛患有传染病，则应该避免出现在社交场合。佩戴眼镜者应选择与自己脸型适合的眼镜，并保持镜片洁净。

（3）**鼻子**　无分泌物，忌鼻毛外露，鼻毛过长者可适当修剪。勿当众挖鼻。

（4）**口腔**　保持口腔清洁、无异味，养成餐后刷牙的好习惯。与人交谈之前尽量不要吃葱、蒜、韭菜等带有强烈异味的食物，以免引起对方的不适感，必要时可以用口香糖来减少口腔异味。但应注意，在人前嚼口香糖是不礼貌的，特别是与人一边说话一边咀嚼。

（5）**胡须**　男士应每日剃须修面，最好不要蓄须。嘴上汗毛过重的女士也可予以修饰。

2. 妆容的修饰

化妆不仅能美化容貌、修饰缺点、增添自信，在一些特定社交场合中，更是对他人的一种尊重。化妆的基本礼仪原则如下图所示。

（1）**"3W"原则**　妆容的选择应综合考虑"3W"原则，即 When（什么时间）、Where（什么场合）、What（做什么），在保证妆容完美的基础上，保证其"适用性"。比如在职场或商务活动中应以淡妆为宜，在葬礼等一些庄重、严肃的场合，切忌浓妆艳抹。

（2）扬长避短原则　化妆应符合审美，讲究色彩的合理搭配，依据自己的脸型合理搭配；扬长避短，达到修饰的效果；真实自然，不虚不夸，流露自然真实的一面。

（3）科学性原则　应科学地选择化妆品，避免对皮肤造成伤害；科学地选择化妆技巧，展示完美妆容。

（4）专用原则　不可随意使用他人化妆品，这是因为化妆品直接接触皮肤，借用他人的化妆品，一是容易传染疾病，二是会使对方反感。

（5）"修饰避人"原则　在众目睽睽之下，旁若无人地化妆是非常失礼的行为。我们不应该在公共场合化妆和补妆，此项要求在礼仪上称为"修饰避人"。

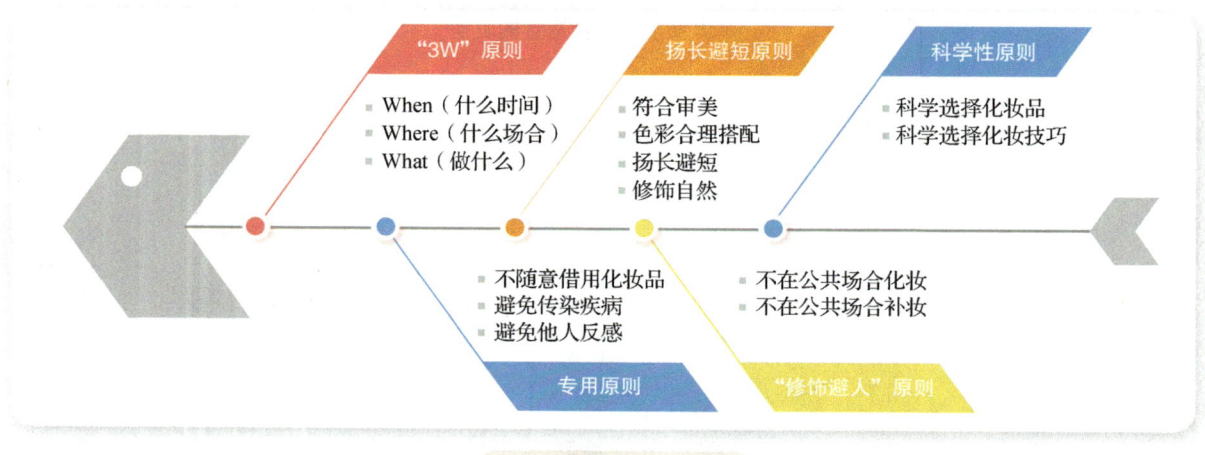

● 化妆的基本礼仪原则

即时讨论

有人认为，爱美之心人皆有之，装扮自己既是一种自我展现，也可以愉悦心情。但也有人认为化妆违背了本色，仅是靠化妆品展现出来一个"假我"。请大家讨论该不该化妆，真正的美应该是"清水出芙蓉，天然去雕饰"，还是"浓妆淡抹总相宜"呢？

像任务情景中王蕊这样职业院校的学生，应学会适当的化妆技巧，但是化妆还应该根据环境、场合、时间、身份的不同而不同。在日常学习、生活中，以不化妆为宜；在社交娱乐活动中，可以适当化妆。化妆的时候，应以自然、清淡为主，切忌妆容过重，那会丧失年轻人自然的美感。化妆应以自己面部的客观条件为基础，适当强化和美化，不可以失真。总之，化妆的最终目的是彰显年轻人的朝气蓬勃、积极奋进的精神风貌。

知识点三　肢体

1. 手臂

在社会交往中，手臂的清洁非常重要。当你与人握手、打电话、为人提供服务时，对方总会首先看到你的手臂，所以平时要注意及时修剪指甲，不涂染指甲（若需要，可涂透明护甲油），保持手臂的清洁，养成良好的卫生习惯。

2. 腿脚

作为学生，我们应做到勤洗脚、勤换袜子、鞋子，袜子要做到每日一换，以免产生异味。同时，应定期修剪自己的脚指甲，以保证脚趾外形美观、干净。在正式场合下，不要露出自己的脚趾和脚后跟，会显得过于散漫。

任务实施

王蕊为了维持美好的形象，制定了形象管理表。请对照王蕊的形象管理表，给自己的形象打分。

部位	标准	得分
头发（20分）	☐ 整洁度（10分）：头发干净，无头皮屑、无异味 ☐ 造型与风格（5分）：发型符合个人风格及场合要求，造型得体 ☐ 健康度（5分）：头发有光泽，无分叉或过度干燥	
面部（20分）	☐ 清洁度（10分）：面部干净，无油光或黑头 ☐ 肤色自然（5分）：肤色自然，无过度化妆 ☐ 表情管理（5分）：表情自然、亲切，无过度紧张或冷漠	
手部（10分）	☐ 清洁度（5分）：手部干净，无污垢或异味 ☐ 指甲修剪（5分）：指甲干净、整齐，长度适中	
腿脚（10分）	☐ 清洁度（5分）：脚部干净，无污垢或异味 ☐ 指甲修剪（5分）：脚趾甲干净、整齐，长度适中	

划重点

仪容礼仪是塑造个人美好形象的重要途径之一，基本要求就是做到面部清爽、妆容适宜、肢体清洁、头发干净和发型得体。仪容礼仪的要点如下：

仪容礼仪
1. 头发
   - 头发的清洁
   - 发型的适宜
     - 头发长短适中，定期修理
     - 发型与场合
     - 发型与脸形
     - 发型与体型
2. 面容
   - 面容的清洁
   - 妆容的修饰
     - "3W"原则
     - 扬长避短原则
     - 科学性原则
     - 专用原则
     - "修饰避人"原则
3. 肢体
   - 手臂的清洁
   - 腿脚的清洁

任务练习与思考

请两人一组，指出对方在仪容方面的优点和不足，并对不足之处提出你的建议。

	优点	不足	建议
面容			
肢体			
头发			

任务二 培养审美素养（仪表礼仪）

早在《左传 定公十年》中就有"中国有礼仪之大，故称夏；有服章之美，谓之华。"的表述，中国自古就被称为"衣冠上国、礼仪之邦"。由此可见服饰在我们华夏礼仪文化中占有重要的地位。服饰即服装和其搭配的饰品。服饰是人形体的外延，可以显示一个人的个性、身份、涵养及其心理状态等多种信息，对服饰穿戴的选择，直接或间接地体现出一个人的审美和品位。

任务情景

校园生活丰富多彩，王蕊每天除了上课外，还加入了学生会、学生社团，学院还会不定期组织各类职业技能大赛、舞会、志愿服务等。

明确任务

王蕊该如何选择并搭配服装和配饰，以适应不同校园场合的需求，并展示一个良好的仪表呢？

> 服饰的搭配要从哪几个方面着手？应遵循什么原则呢？
>
> 敲黑板

知识讲解

知识点一 服装

1. 服装搭配的原则

服装搭配的原则如下图所示。

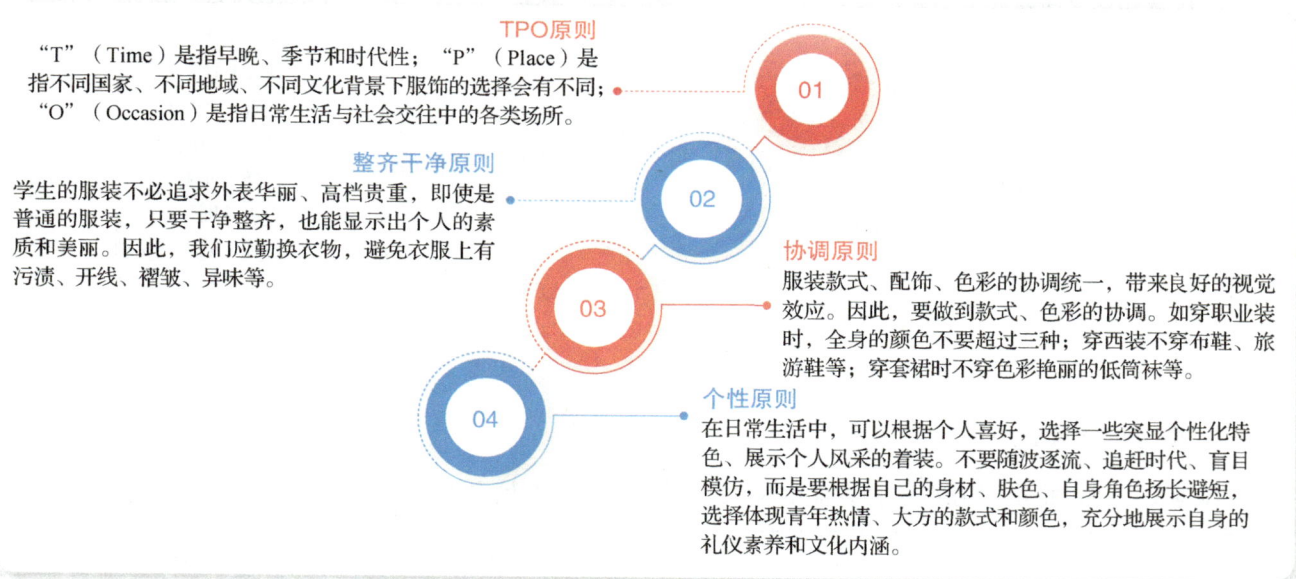

TPO原则 01
"T"（Time）是指早晚、季节和时代性；"P"（Place）是指不同国家、不同地域、不同文化背景下服饰的选择会有不同；"O"（Occasion）是指日常生活与社会交往中的各类场所。

整齐干净原则 02
学生的服装不必追求外表华丽、高档贵重，即使是普通的服装，只要干净整齐，也能显示出个人的素质和美丽。因此，我们应勤换衣物，避免衣服上有污渍、开线、褶皱、异味等。

协调原则 03
服装款式、配饰、色彩的协调统一，带来良好的视觉效应。因此，要做到款式、色彩的协调。如穿职业装时，全身的颜色不要超过三种；穿西装不穿布鞋、旅游鞋等；穿套裙时不穿色彩艳丽的低筒袜等。

个性原则 04
在日常生活中，可以根据个人喜好，选择一些突显个性化特色、展示个人风采的着装。不要随波逐流、追赶时代、盲目模仿，而是要根据自己的身材、肤色、自身角色扬长避短，选择体现青年热情、大方的款式和颜色，充分地展示自身的礼仪素养和文化内涵。

● 服装搭配原则

2. 服装的礼仪

（1）**男士西装** 西装是男士参加商务活动的主要着装，职业院校的学生在一些重要会议、正式场合也应该穿西装，显得庄重。一套完整的西装应包括：上衣、西裤、衬衫、领带、腰带、皮鞋和袜子。一般情况下，男士的西装应首选精纺的毛料或高档的化纤面料，颜色以黑色、藏蓝色、灰色为宜。衬衣应以单色调为宜，避免色彩鲜艳的格子或花衬衣，也避免与西装同色。正式场合应打领带，颜色与西装相协调。鞋子选择黑色、光面、有跟的皮鞋最佳。袜子选择深色棉袜，不能穿白色。

男士穿西装的礼仪如下图所示。

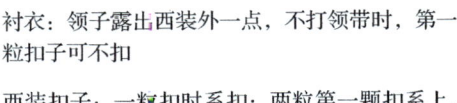

衬衣：领子露出西装外一点，不打领带时，第一粒扣子可不扣

袖口：露出衬衫衣袖1.5cm左右

西装扣子：一粒扣时系扣；两粒第一颗扣系上，下扣永远要打开；三粒只扣第二颗表示介于商务和休闲之间，扣上面两颗则表示正式，第三颗永远不扣；坐下时扣子全部解开

裤长：从地面沿鞋跟往上1~2cm

衣长：双手自然下垂，手握拳，大拇指指尖指向的地方即为衣长；上衣前后自然舒缓不皱褶

● **男士穿西装的礼仪**

（2）**女士职业套装** 职业套装是女士在工作中、各种商务场合穿着的服装，女同学们在参加一些重要会议、面试时也可以着职业套装，显得干练有气质。常见的职业套装有西服套裙或长裤套装。无论是哪种，都应选择简洁大方、颜色淡雅、质地挺括的款式。面料颜色同男士西服，也可以选择浅色系。

女士穿职业套装的礼仪如下图所示。

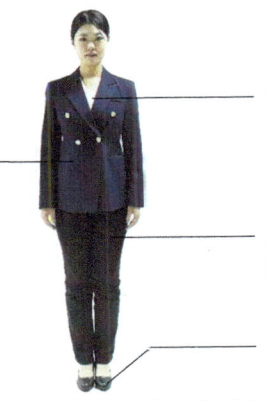

上衣：可用较少饰物或花边点缀，纽扣全部系好，衬衫下摆应塞入裙子或裤子中，除第一颗应全部系上。

衬衫：不能透出内衣颜色，下摆应塞入裙子或裤子中，除第一颗纽扣其余应全部系上

下装：穿裙子时应穿肤色高筒袜或连裤袜，以窄裙为主，下摆在膝盖上下5cm左右，里面应穿衬裙。穿裤子时，应配深色或肤色袜。

鞋子：选择高跟或中跟鞋，款式简洁，颜色与衣服协调。

● **女士穿职业套装的礼仪**

广角镜

2018年由共青团中央发起"中国华服日"，选定在每年的农历三月初三，旨在不忘根本，以期继续前进。相传农历三月初三是中华民族始祖黄帝的诞辰日，也是古代节日上巳节。"中国华服日"旨在向国内外分享中国服饰风采、交流中国文化，成为具有中华民族独特传统魅力的重要节日。同学们，在那天，你也可以尝试穿上美丽的华服，亲身一下感受我国传统服饰的魅力。

知识点二　配饰

随着人们审美素养的不断提高，配饰成了大家服装搭配中不可缺少的一部分，可以起到画龙点睛、锦上添花的作用。现在市场上的饰品种类繁多，如领带、腰带、帽子、项链、戒指、眼镜、皮包、手绢、围巾、胸针等，但是需要遵循一定的原则，否则就会起到相反的作用。

1. 配饰的原则

配饰的原则如下图所示。

- **身份**　选戴首饰可依据个人爱好，但要和自己的性别、年龄、职业、工作环境保持一致
- **季节**　金色、深色首饰适合秋冬季佩戴，银色、浅色首饰适合春夏季佩戴
- **搭配**　要兼顾服装的质地、色彩、款式，并努力让它在搭配、风格上相互匹配
- **数量**　配饰的数量过多会给人杂乱无章的感觉，影响整体效果。数量以少为好，如果想同时佩戴多种首饰，最好不要超过三种
- **色彩**　如果佩戴两件或两件以上的首饰，要求色彩一致
- **质地**　戴镶嵌首饰时，要让镶嵌物质地一致，托架也要力求一致。高档饰物，特别是珠宝首饰，适用在隆重的社交场合，在工作、休闲时佩戴，就显得过于张扬了

● 配饰的原则

知识拓展：服装搭配的美学

2. 常见配饰的佩戴方法

（1）项链　佩戴项链可以使女性看上去更加端庄、漂亮，同时为着装增加别样魅力。项链的选择要根据身形和服装进行搭配。一般来说，体型丰满、脖颈较粗的人应选择细长的项链，让项链自然形成一个"V"字形，起到修饰颈部的作用。身材苗条修长、脖子细长的人可佩戴宽粗的项链。青年女性适合细的、花色丰富的项链。中老年人适宜粗的、传统设计的项链。穿高领羊毛衫者，项链戴在衣服外面。穿旗袍、晚礼服，可以佩戴珍珠项链，显得雍容华贵。

（2）耳饰　耳饰要成对佩戴，不宜在一只耳朵上佩戴多只耳饰，款式也要根据脸型来选择。

（3）戒指　戒指一般佩戴在左手，不同手指上具有不同的含义。大拇指——一方老大；食指——求婚、求爱；中指——热恋；无名指——订婚或结婚；小拇指——单身主义。但是随着人们观念的改变，很多年轻人已经不拘泥于上述规则，但是正式场合还是应该遵守。

（4）胸针　女士着西装时，可选择适宜胸针提升着装效果。一般来说，胸针应别在西装左侧衣领上，穿无领衣服时，胸针应别在左胸前。

（5）手镯或手链　可以只戴一只或两只，一只手上不宜戴多只，手链和手镯不应同时佩戴。

（6）帽子　帽子最初的作用是保暖，现在越来越突出其装饰性。可根据服装类型和款式选择不同的帽子，但需要注意的是，室内正式场合不应戴帽子。

（7）丝巾　越来越多的女性选择佩戴丝巾以体现其柔美、飘逸的风姿。丝巾常用的佩戴方法有蝴蝶结、十字结、四字结。

知识拓展：不同脸型耳饰的选择

微课视频：丝巾的系法

微课视频：领带的系法

（8）领带　领带是穿着西装时不可或缺的一种配饰。常用的领带打法有四手结、温莎结和半温莎结。

即时演练

男同学练习领带的打法，女同学练习丝巾的打法。练习好后互相点评看看谁的最好看、最标准。

任务实施

王蕊为职业技能大赛、舞会、志愿服务，准备了多套服装，在下图中帮助王蕊选择合适的服装参加各个活动。

划重点

服装和配饰的选择应遵循美学原则，不同场合、不同时间、不同地点选择不同的服装，并通过恰当的首饰搭配，起到锦上添花的作用。服饰和配饰礼仪的知识要点如下：

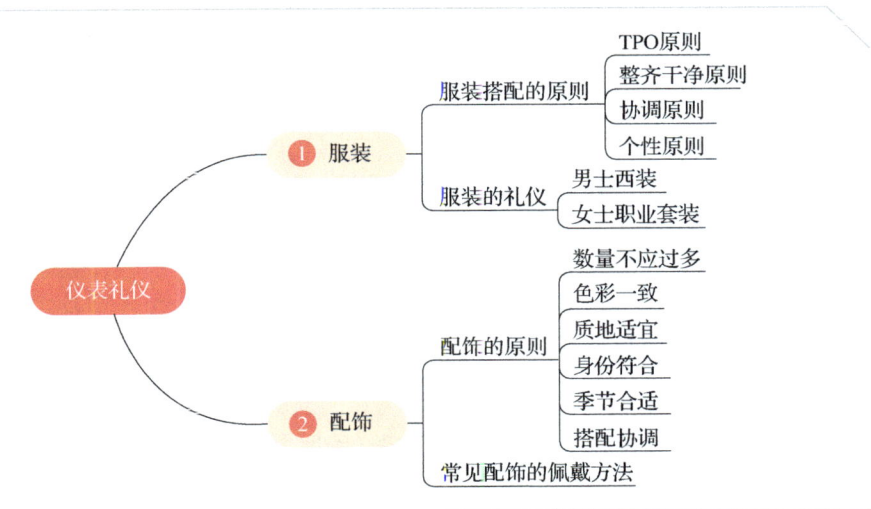

任务练习与思考

请从下面场景中，选择一种来进行服装和配饰的搭配，并上传到学习平台，同学们要在平台上进行互评。

1）同学约你周末去逛踏青，欣赏春天的美景。

2）表姐周末要结婚，邀请你去参加婚礼。

3）学生会举办辩论赛，你有幸被选为主持人。

4）元旦文艺汇演，你将给大家展示自己的才艺：钢琴独奏。

任务三 养成得体举止（仪态礼仪）

当你出现在大众面前，你的仪态就已经向别人在做自我介绍。因此塑造我们的仪态美，养成得体举止，是我们最生动的名片。良好的仪态并不是一个人的先天禀赋，它需要后天的学习、训练和养成。作为一名职业院校的学生，我们应该认真学习有关仪态礼仪方面的知识，努力地加强训练，养成良好的文明举止习惯，塑造优美的仪态，展现一个全新的形象。

任务情景

2022年冬奥会奥组委在王蕊学校招募志愿者。同学们都说王蕊个人形象和素质都不错，让她去试试。她也很想抓住这个千载难逢的机会向世界展现当代青年学生的风采。经过层层面试选拔，王蕊终于如愿以偿。

明确任务

王蕊在日常生活中如何才能塑造出优美的仪态和得体的举止，最终在冬奥会上展现出一个完美的自我形象？

> 什么才是优美的仪态和得体的举止？具体都包括哪些环节呢？
>
> 敲黑板

知识讲解

知识点一　姿态

姿态主要包括站姿、坐姿、走姿、蹲姿。"站如松，坐如钟，行如风，卧如弓"这是我国古人对于人的良好行为姿态的一种标准。在当今社会，更是一种对人们品质和行为的要求和标准，是一个人德行教养的良好体现。

1. 站姿

（1）站姿的要点

1）头正，双目平视，嘴唇微闭，下颌微收，面容平和自然。

2）双肩放松，稍向下沉，使人体有向上的感觉。

3）躯干挺直，做到挺胸、收腹、立腰。

4）双臂自然下垂于身体两侧，中指贴裤缝。

5）双腿立直、并拢，脚跟相靠。

（2）常用的站立方法

常用的站立方法如右图所示。

1）肃立站姿：两脚并拢，两膝绷直并严，挺胸抬头，收腹立腰，双臂自

● 肃立站姿

然下垂，下颌微收，双目平视。

2）体前交叉式：男性可左脚向左横跨一小步，两脚展开，两脚尖与脚跟的距离相等，两脚之间距离小于肩宽为宜，双手在腹前交叉，右手大拇指与四指分开搭在左手腕部，身体重心放在两脚上，腰背挺直，注意不要挺腹或后仰。女性站成右丁字步，即两脚尖稍稍展开，右脚在前，将右脚跟靠于左脚内侧前端，腿绷直并严，腰背立直，两手在腹前交叉，右手握左手的手指部分，使左手四指不外露，左右手大拇指内收在手心处。

3）体后交叉式：两脚跟并拢，两脚尖展开60度左右，腿绷直，腰背直立，两手在身后交叉，右手搭左手腕部，两手心向上收。

4）体后单背式：站成左丁字步，即左脚跟靠于右脚内侧中间位置，使两脚尖展开成90度，身体重心放在两脚上，左手后背半握拳，右手自然下垂。另外也可站成右丁字步，即右脚跟靠于左脚内侧中间位置，使两脚尖展开成90度，右后背半握拳，左手自然下垂。

5）体前单屈臂式：右脚内侧贴于左脚跟处（呈丁字步），两脚尖展开90度，左手臂自然下垂，右臂肘关节弯曲，右前臂抬至中腹部，右手心向里，手指自然弯曲。另外也可以左脚内侧贴于右脚跟处（呈丁字步），两脚尖展开90度，右手自然下垂，左臂肘关节弯曲，左前臂抬至中腹部，左手心向里，手指自然弯曲，重心放在两脚上。

● 体前交叉式　　　　● 体后交叉式　　　　● 体后单背式　　● 体前单屈臂式

（3）注意克服不良站姿　同学们平时在做操、排队，特别是和老师谈话时，站立都不应过于随便，不要探脖、塌腰、耸肩、双腿弯曲或不停地颤抖。在庄重场合，双手不可放在衣兜里或插在腰间，这些站姿会给人懒散、倦怠、不健康的感觉，是缺乏自信心的表现。

即时演练

1. 两人一组，背靠背站立，要求两人脚跟、小腿、臀部、双肩、后脑勺都贴紧。每次训练坚持15~20分钟或更长时间。
2. 两人一组，按照以上标准，任意选取一种站姿，相互评价、矫正。

2. 坐姿

坐姿是人们交往中的一种最基本的举止。要给人以安全、信任的感觉，体现端庄、稳重。

（1）坐姿的要点　入坐时要轻要稳。只坐椅面的三分之二。女生入座时，若是裙装，应用手轻轻整理裙摆，不要坐下后再站起整理。

1）嘴唇微闭，下颌微收，面容平和自然。

2）双肩平正放松，两臂自然弯曲放在腿上，亦可放在椅子或是沙发扶手上，掌心向下。

3）坐在椅子上，要立腰、挺胸，上体自然挺直。

4）双膝自然并拢，双腿正放或侧放，可并拢或交叠（男士坐时可略分开）。

5）谈话时可以有所侧转，此时上体与腿同时转向交谈者一侧。

6）离座时，要自然稳当，一只脚向后收半步，而后站起。

（2）常用的坐姿

1）正襟危坐式：正襟危坐式又是最基本的坐姿，适用于最正规的场合。要求是上身与大腿、大腿与小腿、小腿与地面，都应成直角，双膝双脚完全并拢。

2）垂腿开膝式：垂腿开膝式多为男性所使用，也较为正规。要求是上身与大腿、大腿与小腿皆成直角。小腿垂直地面。双膝分开，但不得超过肩宽。

3）双腿叠放式：这种坐姿适合穿短裙子的女士采用（或处于自己身份地位高的场合）。造型极为优雅，有一种大方高贵之感。要求是将双腿完全地一上一下交叠在一起，交叠后的两腿之间没有任何缝隙，犹如一条直线。双腿斜放于左或右一侧，斜放后的腿部与地面呈45度夹角，叠放在上的脚尖垂向地面。

4）双脚斜放式：这种坐姿适用于穿裙子的女性在较低处就座使用。要求是双膝先并拢，然后双脚向左或向右斜放，力求使斜放后的腿部与地面是45度夹角。

5）双脚交叉式：这种坐姿适用于各种场合，男女皆可选用。要求是双膝先要并拢，然后双脚在踝部交叉。交叉后的双脚可以内收，也可以斜放，但不宜向前方远远直伸出去。

6）双脚内收式：这种坐姿适合一般场合采用，男女皆宜。要求是两大腿首先并拢。双膝略打开，两条小腿分开后向内侧屈回。

7）前伸后屈式：这是女性适用的一种优美的坐姿。要求是大腿并拢之后，向前伸出一条腿，并将另一条腿屈后，两脚脚掌着地，双脚前后要保持在同一条直线上。

8）大腿叠放式：多适用男性在非正式场合采用。要求是两条腿在大腿部分叠放在一起。叠放之后位于下方的一条腿垂直于地面，脚掌着地。位于上方的另一条腿的小腿则向内收，同时脚尖向下。

女士、男士坐姿见下图。

正襟危坐式　　双脚斜放式　　前伸后屈式　　双脚交叉式　　双腿叠放式

● 女士坐姿

| 大腿叠放式 | 垂腿开膝式 | 正襟危坐式 | 双脚内收式 |

● 男士坐姿

（3）注意克服不良坐姿 同学们在学校学习，每天都离不开坐姿。上课、开会或与老师谈话时大多都是坐着进行的。虽然同学们可能达不到专业人士在正式社交场合那样的标准，但也应摒弃那些不规范的坐姿。

● 不良坐姿

即时演练

1. 选取以上一种坐姿，坚持15~20分钟。同时配上舒缓优美的音乐，减轻疲劳。
2. 两人一组，练习入座和离座。

3. 走姿

（1）走姿要点

1）目光向前平视，微收下颌，面容平和自然。

2）双肩平稳，双臂前后自然摆动，摆幅以与躯体呈30~35度为宜，双肩不要过于僵硬。

3）行走时应使脚尖略微展平，脚跟先着地，通过后脚将身体的重心移送至前脚，使身体前移。在步位上，两只脚的内侧落地时，理想的行走线迹是一条直线。

4）行走时，步频要有节奏感，步幅要适当，有规律性。一般应该是前脚的脚跟与后脚的脚尖相距一脚长，当然步幅的大小也因性别、身高、性格和着装的不同会有一定差异。

5）停步、拐弯、上下楼梯时，应从容不迫，控制自如。

（2）走路时的注意事项

在路上行走首先要遵守交通规则，行人之间要相互礼让。尽量为长者、老弱病残者让路，让负重的人或孕妇、儿童先行。

男女生在一起行走时，男生应走在靠近马路的一侧。如遇到女生手提重物，应主动上前帮助。三人同行时，应让年长者或儿童居中，四人同行，最好前后两两并行。

克服不良步态。走路最忌内八字和外八字；不可弯腰驼背、歪肩晃膀；不要大甩手，扭腰摆臀、左顾右盼；双腿不要过于弯曲，走路不成直线；不要一边走路一边吃东西。

演练评价：
走姿训练评价表

即时演练

顶书走路：在地上拉一条长绳，头顶一本书，按照走姿的标准要求，尽量使脚的内侧落在长绳上，力求内侧落脚点在一条直线上。可配以背景音乐，一方面消解训练的枯燥；另一方面，可培养学生走姿的节奏感。比赛看谁走得最标准。

4. 蹲姿

下蹲的姿势，简称蹲姿，是人在处于静态的立姿时的一种特殊情况。多用于捡拾物品，帮助别人或照顾自己。例如，在人面前需要捡拾地上的某物时，弯腰、俯首、撅臀，显然就不如采用蹲姿雅观。

单膝点地式　双腿交叉式　双腿高低式

● 蹲姿

（1）下蹲要点

1）单膝点地式：下蹲后一腿弯曲，另一条腿跪着。
2）双腿交叉式：下蹲时双腿交叉在一起。
3）双腿高低式：下蹲后双腿一高一低，互为倚靠。

广角镜

为庆祝中华人民共和国成立70周年，2019年在天安门广场举行了盛大的阅兵仪式。官兵们以气宇轩昂、英姿飒爽的仪态，整齐划一、铿锵有力的步伐，向世界人民充分展示了新时代中国军人的威严形象，体现了维护国家安全与统一、促进世界和平与发展的强大信心。在此次阅兵仪式上，院校科研方队将首次亮相，展示了人才是根本、科技是第一生产力的时代呼唤！

（2）克服不良蹲姿

1）下蹲时不要面对他人，这样会使他人不便。
2）下蹲时不要背对他人，这样对别人不够尊重。
3）下蹲时不要双腿平行开，这样的姿势不够文雅。

知识点二　手势

手势也是人际交往中常用的体态语言。手势是人们交往时不可缺少的动作，是最有表现力的一种"体态语言"。俗话说："心有所思，手有所指。"手的魅力并不亚于眼睛，甚至可以说手就是人的第二双眼睛。手势表现的含义非常丰富，表达的感情也非常微妙复杂，能够恰当地运用手势表情达意，会为交际形象增辉。

1. 手势的规范要点

（1）幅度适中　在社交场合，应注意手势的大小幅度。手势的上界一般不应超过对方的视线，下界不低于自己的胸区，左右摆的范围不要太宽，应在自己的胸前或右方进行。一般场合，手势动作幅度不宜过大，不宜频繁重复。

（2）自然亲切　与人交往时，多用柔和的手势，少用生硬的直线手势，以求拉近与他人的心理距离。

（3）指向有礼　介绍某人、为某人指示方向、请人做某事时，应该五指并拢伸直，掌心向上。手臂伸平，手指自然并拢，肘关节稍弯曲，约140°。以肘关节为轴，指示方向，上身稍向前倾、以示敬重。这种手势被认为是诚恳、恭敬、有礼貌的。

2. 几种常用的手势

（1）递接物品　双手递物最好，如不方便时，可用右手递送，用左手递送物品通常被视为失礼之举。要特别注意的是，在递接带尖、刃的物品时，不要把尖、刃直指对方，不仅会有危险也是对对方的不尊重，如下图所示。在递交文件或杂志图书时，应使文字正面朝着对方，不可倒置。在递交名片时，一定要双手恭敬递上，正面指向对方，以便对方观看，如下图所示。

递接剪刀　　　　　　　　　递交图书

● 递接物品

（2）引导手势　引导手势分为高位手势、中位手势和低位手势，如下图所示。

● 高位手势：直臂式
专业引导手势，适用于给对方指引方向，如"请这边走""请您这边走"。
动作：手臂伸直与肩同高掌心向上，与地面成45度夹角朝指示方向伸出前臂。

● 中位手势：双臂横摆
适用于对面人多时，做"诸位请"的手势。
动作：双手从身体前，向两侧或同侧抬起再以肘关节为轴，与胸同高，上身略微前倾。

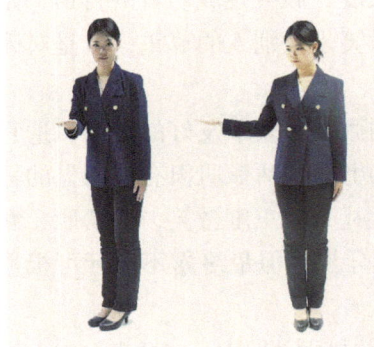

● 中位手势：横摆或屈臂式
用于"请进"时的手势。
动作：右手从体前向右或向左横摆到与腰同高眼睛看向手指的方向。

● 低位手势：斜臂式
用于"请坐"时的手势。
动作：一只手由前抬起，再以肘关节为轴，前臂向右下，到于大腿中部齐高，上身前倾，目光兼顾客人和椅子，座位在哪儿手应该指到哪儿。

3. 禁忌的手势

1）讲到自己不要用手指自己的鼻尖，而应用手掌按在胸口上。
2）不可用手指别人，更忌讳背后对人指点等不礼貌的手势。
3）避免抓头发、玩饰物、掏鼻孔、剔牙齿、抬腕看表、高兴时拉袖子等粗鲁的手势动作。
4）避免指手画脚、手势动作过多过大。

知识点三　表情

面部表情是指一个人通过自己面部形态变化而表达出来的思想感情，可以真实地反映出其内心世界。在面部表情中，眼神和微笑是最具有感染力和表达力的。

1. 眼神

眼神在感情交流中起着言语、手势所不能替代的作用。我们主要从注视的角度、方式、部位和时长来进行介绍。

（1）注视的角度　常见的注视方式有平视、仰视、俯视、斜视。同学间直接采用平视，表示平等、尊重、理性；晚辈对长辈可以仰视，表达尊敬；俯视用眼睛向下注视他人，长辈对晚辈表示宽容、怜爱，平辈之间使用容易让人误解为轻视、歧视。斜视是不尊重对方的表现，人际交往中应避免。

（2）注视的方式　常见的注视的方式有直视、凝视、环视和虚视。直视是指直接地注视对方，没有躲闪，表达认真、尊重，友好、坦诚，社交中多使用这种方式；凝视是直视的特殊形式，是全神贯注的体现，表达专注、恭敬，如在聆听老师讲课、长辈教诲时使用；环视是指有节奏地注视周围的人或事物，表示认真和重视，多用于演讲、汇报时；虚视是指目光涣散，反映出个人的心神不定、心不在焉，在人际交往中应避免。

（3）注视的部位　同学之间、同学与老师之间沟通时应注视对方的社交凝视区域，即注视以眼为上线、唇心为下顶角的倒三角区。当你与其他人沟通时，凝视对方这个部位能给人一种平等、轻松的感觉，从而营造出一种良好的交际气氛。

（4）注视的时长　目光注视的时长也非常重要，不同的交往对象，不同的场合其注视时长略有差别。在听对方谈话时，为表示友好应注视对方，注视的总时间以占整个谈话时间的 1/3 左右为宜。若表示重视谈话内容，也可以把注视对方的时间延长到占整个谈话时间的 2/3 左右。如果是与亲朋好友或恋人谈话，可以一直注视对方，以表示亲密的关注和进行更好的交流。

2. 微笑

微笑是一种自尊、自爱、自信的表现。微笑是人类面孔上最动人的一种表情，是社会生活中美好而无声的语言，它来源于心地的善良、宽容和无私，表现的是一种坦荡和大度。微笑是成功者的自信，是失败者的坚强；微笑是人际关系的黏合剂，也是化敌为友的一剂良方。微笑是对别人的尊重，也是对爱心和诚心的一种礼赞。微笑无需成本，却能创造价值。

（1）微笑的三种尺度　一度微笑，嘴角向上微微翘起，做自然轻度的微笑，表示友好的情绪，适宜于社交场合初次见面、微笑服务的社会性礼节。二度微笑，嘴角有明显的上弯，两颊肌肉有较明显的舒展，表示亲切、温馨的情绪，适宜于社交场合中与熟人和亲友间的友谊性礼节。三度微笑，嘴角肌、颧骨肌、眼周括纹肌同时运动，这是微笑的最高境界，一般会露出 6—8 颗牙齿，但最终露不露牙可根据自己嘴型与牙齿状况决定，适宜于交流成功、送客时。

（2）微笑的训练　每人准备一个小镜子，对着镜子进行微笑训练：首先放松面部肌肉，嘴角微微向上翘起，嘴唇略呈弧形，双颊肌肉用力向上抬，嘴里可念"茄"音。可练习不同程度的微笑。但是需要注意的是当你微笑时，你的眼神也要跟着笑，否则就让人觉得是假笑，皮笑肉不笑。还可以用辅助器具练习微笑。

即时演练

练习微笑：请面对镜子，练一练微笑吧。

📋 任务实施

为了向世界展现中国青年学生的风采,王蕊作为场地引导员,着重进行了引导手势的训练。请参考下表中王蕊的动作,练习引导手势。

手势	适用场合及动作标准	训练展示	手势	适用场合及动作标准	训练展示
高位手势：直臂式	适用场合：用于给对方指引方向 动作标准：手臂伸直与肩同高,掌心向上,与地面成45°角朝指示方向伸出前臂		中位手势：双臂横摆	适用场合：用于"诸位请"的手势 动作标准：双手从身体前,向两侧或同侧抬起再以肘关节为轴,与胸同高,上身略微前倾	
中位手势：屈臂式	适用场合：用于"请进"时的手势 动作标准：右手从体前向右横摆到与腰同高,眼睛看向手指的方向		低位手势：斜臂式	适用场合：用于"请坐"时的手势 动作标准：一只手由前抬起,以肘关节为轴,前臂向右下,到于大腿中部齐高,上身前倾,目光兼顾客人和座位,手指到座位	

✏️ 划重点

良好的仪态折射出一个人的教养和素质。主要包括姿态、表情和言谈,我们要通过严格的仪态训练,让自己变得姿态优雅、言谈恰当、举止得体。仪态礼仪的知识要点如下：

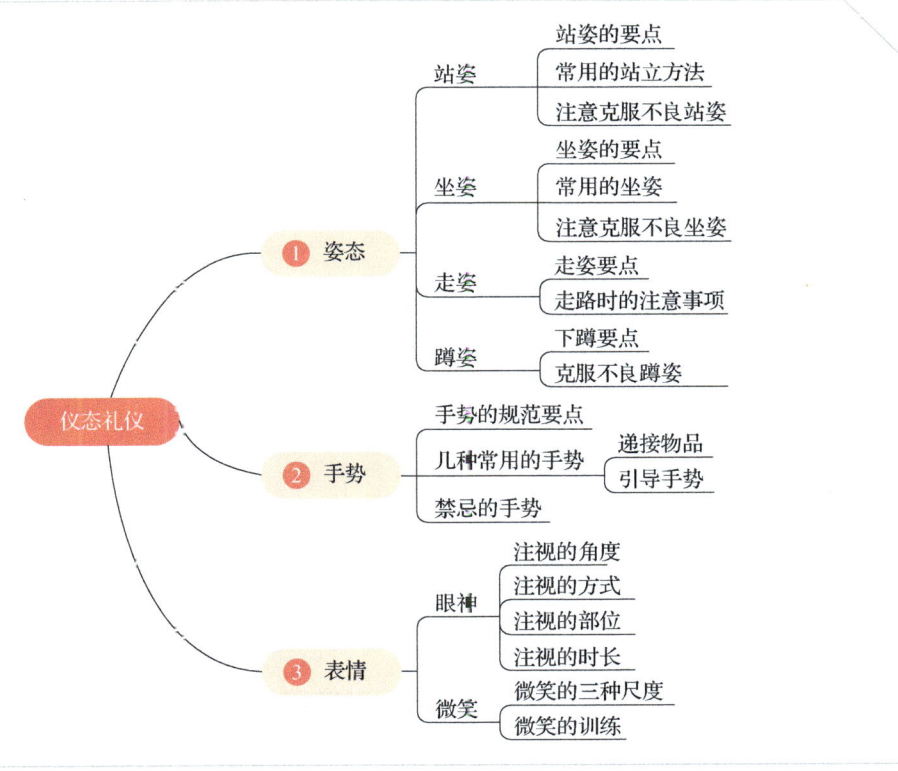

任务练习与思考

课后自行进行仪态训练，包括站姿、坐姿、走姿、蹲姿、手势和表情，并根据训练过程，选择其中一个项目完成下表中的训练报告，并上传至学校学习平台。

_____训练报告				
姓名：	班级：	学号：	成绩：	
训练项目				
训练场地				
训练标准要求				
训练照片				
训练心得				

项目二 营造文明书香的校园生活——校园礼仪

📧 项目导语

《教育部 中央文明办关于深入开展文明校园创建活动的实施意见》提出全国各级各类学校普遍深入开展文明校园创建活动。2017年和2020年，先后共有1135所大中小学被评为全国文明校园。校园礼仪是校园文明的重要组成部分，礼仪教育也是目前德育教育的一项重要内容。明末清初著名思想家、教育家颜元有句名言："国尚礼则国昌，家尚礼则家大，身有礼则身修，心有礼则心泰。"可见礼仪修养十分重要，是个人身心健康、社会和谐稳定的关键因素。当代学生更应当从自身做起，自觉提升校园礼仪修养，共建秩序良好、关系和谐、风气端正的校园文化，拿好走向社会的"通行证"。

项目构成

任务一：校园场所礼仪
任务二：庆典活动礼仪

✅ 项目目标

知识目标

掌握教室礼仪的具体礼仪规范与注意事项；
了解校园各种场所礼仪及庆典、会议的礼仪规范。

技能目标

能够在校园各个场所遵守礼仪规范；
能够在校园庆典活动中遵守礼仪规范。

素养目标

学生在校园中有良好的道德规范；
学生在各种庆典活动中能够保持良好的礼仪规范。

任务一 校园场所礼仪

校园是学生学习活动最重要的场所，也是师生之间、同学之间交流最密切的地方，在校园环境口注重场所礼仪是每一位同学进入校园的必修课。遵守校园场所礼仪在学生的人际交往中有着不可替代的作用。学习和掌握校园场所礼仪的基本知识和行为规范，一方面有利于塑造学生的品格和修养，提升学生的人文素养，培养学生适应社会生活的能力；另一方面有利于加强校园的精神文明建设，促进学生的健康成长。

任务情景

上午八点半，伴随着清脆的上课铃声，新学期的第一节课开始了。李明是位新生，上课第一天就起晚了，他慌慌张张跑到教室门口，推门而入，进门后站在前面左顾右盼地寻找座位，坐下后便掏出手机打起游戏。

中午到食堂用餐，食堂窗口排起了长队，李明看见队伍的前面有自己的同桌，于是走过去试图插队，这一行为引起了后面排队同学的不满，并与李明发生了冲突。

下午下课后，李明和同学一起来到图书馆学习，中途离开图书馆时将书和笔记本放在桌子上占座，晚饭后再返回图书馆继续学习时，发现自己放笔记本的桌子被其他同学使用着，于是和该同学发生了争吵。

晚上回到寝室（李明住宿的寝室一共有8名同学），他在住宿期间不顾同学反对，经常在晚上熄灯后，外放声音打游戏，和朋友开着语音，严重影响寝室其他同学的休息，导致其他室友都对他敬而远之，李明感到非常孤立，对未来的大学生活也产生了困惑。

辅导员老师了解到了李明的情况，及时找他谈话，告诉他同学之间应当如何友善相处，也指出了他自身存在的一些问题，经过一段时间的调整，李明很快地融入了集体生活。

明确任务

任务情景中，同学们为什么对李明敬而远之？他在课堂、食堂、图书馆及寝室等场所的行为究竟出现了哪些问题？正确的做法应该是什么？

> 在校园不同的场所中，都应该遵循哪些礼仪规范呢？
>
>  敲黑板

知识讲解

知识点一　课堂礼仪

课堂是学生获取知识、相互交流的主要场所。良好的课堂礼仪体现了个人的精神风貌和修养，体现了师生间的相互尊重。对于形成融洽的课堂氛围、提高学习效率极为重要。

课堂礼仪包含课前礼仪、上课礼仪和课后礼仪，相关内容如下图所示。

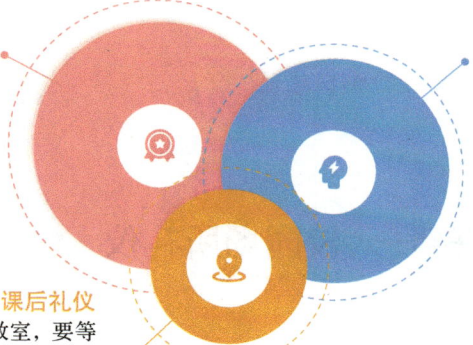

2. 上课礼仪
课堂上，学生应保持良好坐姿，自觉关闭通信工具，不做与学习无关的事情，不影响其他同学学习，遵守课堂纪律，积极参与课堂互动，认真完成学习任务。当回答老师问题时，应该先举手，得到老师允许后起立发言

1. 课前礼仪
学生在上课之前应当提前5分钟进入教室，做好学习准备。当老师进入教室时，师生互相问好后开始进入课堂学习。学生如遇到特殊情况迟到，应先喊"报告"或轻轻敲门，得到老师允许后再轻声进入教室，尽量不影响课堂秩序

3. 课后礼仪
当下课铃响时，不要急于离开教室，要等老师结束课堂内容，宣布下课，学生起立与老师互道"再见"后方可离开教室。值日生应在下课后及时擦拭黑板、清洁讲台，准备迎接下节课老师的到来。老师如带有较多教具，科代表应帮老师送回办公室

● 课堂礼仪的内容

上课礼仪示范如右图所示。

实验课礼仪同样重要，学生应注意以下几点。

1）实验课是培养实践技能的重要手段，学生所有的实验活动都必须在老师的指导和监督下进行，应当严格遵守实验流程和实验室管理规定。

2）实验室卫生程度要求较高，学生进入实验室应把鞋底清理干净并穿上鞋套，以保持自身及实验室仪器设备的整洁。

3）根据实验内容要求，学生应在老师的指导下着工作服或防护服，佩戴帽子、手套等，以增强对学生自身的保护。

4）未经老师允许，学生不准使用与实验无关的仪器设备和室内的其他设施，要爱护公物。

5）实验过程中必须严格遵守实验的操作规程，爱护实验设备，实验仪器自觉轮换使用，不能一人长时间独用。

6）实验完毕，学生应认真清理实验台，洗刷实验器皿，把实验物品归位，按不同实验要求清扫实验室，处理实验垃圾，经老师检查合格后方可离开。

实验课礼仪示范如右图所示。

● 上课礼仪示范

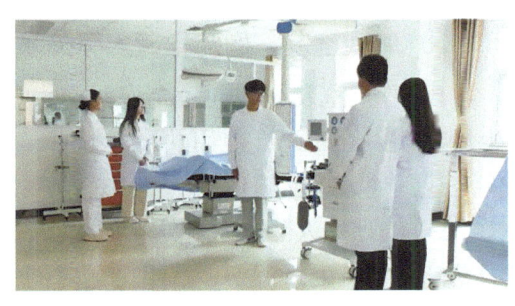

● 实验课礼仪示范

即时讨论

实训课上，老师要求同学们围站一圈观看示教。十分钟后，小王感到有些无聊，一会儿跺跺脚，一会儿扭扭腰，随后跟旁边同学闲谈起来。两人越聊越投机，仿佛忘了是在上课。忽然周围一片寂静，小王抬起头才发现老师一言不发，正盯着他俩看。

1）小王在实训课中的表现有哪些不当之处。

2）你认为在实训课课堂上还应该遵守哪些礼仪规范。

知识点二　寝室礼仪

寝室是学生生活与学习的归宿地，蕴藏着丰富的文化。寝室礼仪是指居住在同一个寝室内的人员，在日常生活中需要遵守的基本规范和行为准则。如果不注重寝室中的相处礼仪，会发生任务情景中李明的情况，受到寝室其他同学的排挤与孤立。因此，在日常生活中，学生讲究寝室礼仪，对营造一个文明、上进、和谐的寝室环境有重要的意义。

1. 合理作息，保持安静

1）平时进出寝室开关门要轻。开关门声有时候影响的不仅仅是自己的寝室，还有其他的寝室，声音过大，会影响到其他同学。

2）在寝室讲话的时候尽量压低声音，不要用太高的音调。在有同学休息的情况下，尽量脚步轻、声音轻、动作轻。比如尽量轻声敲击键盘，能不用鼠标就不用鼠标。

3）不要长时间在寝室打电话。有同学打电话的时候可能会情绪激动，如果时间较长，可以在走廊或独处空间打电话，避免对寝室同学造成干扰。

4）在寝室里看电视、看电影、听歌的时候戴上耳机。

5）如果晚睡，可以提前把洗漱工作做好，这样就不会打扰其他同学。

2. 保持寝室整洁卫生

1）保持寝室环境整洁。住在寝室中的每一个人都应该尽力保持房间干净整洁，不乱扔垃圾，保持寝室内的环境舒适整洁。

2）保持良好的个人卫生习惯。保持良好的卫生习惯，也是寝室礼仪规范。在寝室中，我们需要尽量保持身体的清洁卫生，如及时洗澡、刷牙、洗脸等。同时，在使用床铺时，也要定期更换床单被套，保持床铺的干净卫生。

3. 尊重室友，构建和谐人际关系

1）尊重室友。在同一个寝室内，我们需要避免过多的干扰和打扰别人，尊重同一个寝室内同学的生活习惯。同时，在使用共同区域时，尽量不要占用其他同学的空间，如厕所、浴室和阳台等，要尽可能地让其他人也能够使用。

2）处理好人际关系。同学们住在一个房间中，理解、尊重、帮助和信任是维系互相关系、和谐共处的基础。在相处过程中，遇见问题时同学间需要互相理解和谅解，避免发生不必要的争吵和纷争。

即时讨论

想一想，任务情景中的李明为什么会受到寝室其他同学的孤立呢？如果你是李明，你会怎么和寝室同学和谐相处？

知识点三　图书馆礼仪

图书馆是学生借阅图书、查询资料、自修学习的公共场所。学生们喜欢在图书馆学习，就是偏爱那里舒适安静的学习环境。而良好的图书馆礼仪则可以保证这个环境的严肃和庄重，有效地提高学生的文化素养，增强图书馆的文化吸引力和影响力。

1. 图书馆借阅书籍的礼仪

1）在阅览图书、报刊时，应自觉爱护图书馆的公共设施和图书、报刊。

2）阅览时不在图书、报刊上涂画，不要折角或撕页。

3）不可同时占用几本书籍，阅后要迅速将书籍放回原处，以便他人阅读。

4）入座和起座要轻，翻书也要轻。在阅览室，走路要轻，最好不要穿钉铁跟的皮鞋。

5）在借、还图书时，要按顺序排队，尊重图书馆工作人员，服从工作人员的管理。

2. 图书馆内自习的礼仪

1）衣着得体，不能穿背心、拖鞋进入图书馆。

2）要讲文明礼貌，不要抢占座位，不在座位上躺卧，更不要在室内吸烟、吃东西。

3）保持安静。将手机及其他电子产品调整为无声，不应拨打、接听手机。遇到熟人可以使用点头、微笑的方式打招呼，不可高声谈话，如需交谈，应移步到阅览室以外。

即时演练

认真观察下图，找到不符合图书馆礼仪规范的行为，并说明原因。

知识点四　餐厅礼仪

餐厅是学生每日活动的重要场所，早、中、晚都要在此进行用餐，这也是展现个人素质的窗口。良好的就餐环境，不仅能够让我们的用餐变得更加愉快，还能够反映出学校的整体形象。

餐厅礼仪示范如右图所示。

1. 用餐前的礼仪规范

1）穿着得体，个人卫生整洁。在进入餐厅前，学生应该确保自己的穿着整洁，不得穿着睡衣、拖鞋等进入餐厅，在进餐前洗净双手。

2）排队等候。自觉维护餐厅的公共秩序，买饭时自觉排队，不插队、不拥挤、不打闹或敲打餐具，要互相礼让。

● 餐厅礼仪示范

3）保持餐厅环境整洁。学生应爱护餐厅公共物品，不要在墙上、餐桌上乱刻乱写；不要损坏餐厅的餐具和设施；不得随意挪动桌子及其他设施。

2. 用餐中的礼仪规范

1）避免大声喧哗。"食不言，寝不语"，在吃饭过程中，尽量减少交谈，更不要大笑、吵闹，以防被食物呛到。不得在餐厅内吸烟、喝酒等。

2）践行"光盘"行动。节约粮食，按需购买，对餐厅提供的免费调料、汤、粥等食品，也不要随意浪费。

3）尊重工作人员。就餐时如对饭菜质量、饭菜价格等存有异议，可以向食堂管理人员反映情况，不要对工作人员纠缠不清，甚至无理取闹，影响餐厅的用餐秩序。

知识链接：
让奢侈浪费远离校园食堂

3. 用餐后的礼仪规范

1）清理个人餐具。在用餐结束后，及时清理刷洗个人餐具，并将其放回指定地点。
2）做到垃圾分类。在用餐结束后，将残羹剩饭放入指定的垃圾桶内。

思考探究

1）搜集中华诗词中关于用餐礼仪的诗句，并阐明诗句的意义。
2）"世界粮食日"是哪一天？节日的起源和意义你知道吗？

知识点五　进出校园礼仪

进出校园礼仪规范是学生在校期间必须遵守的行为规范之一，它涉及学生的校园生活，也关系到学校校园安全。不仅学校对进出校园有礼仪要求，任何工作单位、办公场所都会对人员的进出行为有相应的要求和规范，因此，我们从现在开始养成良好的进出校园礼仪，还能为今后步入职场提前奠定坚实的基础。

1. 进校礼仪

1）尊重门岗管理人员，进入校门时应主动刷卡或出示有效证件。
2）进入校园要衣冠端正、整洁大方，符合学生身份，不能歪戴帽子、服装邋遢。夏天不能穿背心、拖鞋进校。
3）进校门后遇到老师或教职工时，要主动行礼或问好，与熟悉的同学见面也要主动打招呼问候。

2. 出校礼仪

1）学生在上课时间不得离开校园，如遇特殊情况，应按学校要求办理出校手续并向门卫出示。
2）学生在放寒暑假离校前，应将教室、宿舍内的个人物品清理干净，并将室内卫生打扫干净，关好门窗，断水断电后方可离校。
3）毕业生离校前要处理掉所有的个人物品，不要将不用的被褥、书籍等物品遗弃在宿舍内，更不要随意乱扔，造成校园的环境污染。

知识点六　电梯礼仪

楼梯、电梯是出入上下楼层的重要通道。在校园中，电梯为师生们提供了极大的便利。然而，电梯礼仪却常常被忽视，这不仅影响了电梯的正常使用，还可能带来安全隐患。因此，加强校园电梯使用礼仪教育显得尤为重要。电梯礼仪的内容如下图所示。

01 排队等候
等候电梯时应站在电梯口两侧，遵循"先出后进"的原则，等电梯内的人全部走出后方可进入

05 规范使用电梯
不要将身体或物品卡在电梯门中，不要在电梯内跳跃或进行危险动作

02 主动礼让
遇到师长或行动不便的同学，应主动礼让，遇到电梯超载时，如果自己没有急事应主动退出，等候下一趟

03 避免交谈
在电梯内不要肆意交谈、喧哗。无论公务还是私事，均不宜在电梯内谈论

04 保持卫生
不要在电梯内吸烟、吃东西、乱丢垃圾

● 电梯礼仪的内容

总之，只有大家共同遵守礼仪，才能确保电梯的安全、便捷、舒适。让我们从现在做起，从自己做起，让文明礼仪成为校园电梯的一道亮丽风景线。

知识链接

在初次拜访时，由于访客不清楚电梯与楼梯的具体位置，常需要引导访客乘坐电梯或上下楼梯，电梯和楼梯的引导礼仪如下图所示。

● 电梯引导礼仪示范

● 楼梯引导礼仪示范

知识点七　卫生间使用礼仪

在校园中，卫生间是每个人日常生活中必不可少的一部分。无论是上课期间还是课间休息，每个人都需要使用卫生间。因此，学习校园中卫生间使用礼仪非常重要，这不仅能够维护自己的尊严，还能够给他人带来便利。因此，在使用卫生间时，应该注意卫生、礼仪、安全和节约。只有这样，才能使卫生间成为校园中真正的"卫生"空间。

知识链接：
校内礼仪规范

1）在如厕前一定要先敲门，确认无人后再进入，否则会使双方陷入尴尬。

2）在使用卫生间时，不要浪费水电、纸张。如厕后将厕纸扔进纸篓，以免造成老式马桶堵塞。

3）在开放式的公共卫生间内，紧盯他人是非常失礼的行为。

4）使用完卫生间，应自觉冲水，保持洁具卫生，方便他人使用。

5）洗手时如果不小心将水溅出，应及时用纸巾擦拭干净。

 划重点

校园是学生学习、生活的重要场所，校园礼仪也是学校教育的重要组成部分，它关乎学生的道德修养、人际关系和心理健康。校园很大，公共场所也很多，重点掌握课堂、寝室、图书馆、餐厅、电梯、卫生间等场所的礼仪规范，同时掌握进出校园的礼仪规范。

任务实施

辅导员与李明的谈话中，记录并指出李明的不妥之处。填写下表，想办法帮助李明纠正不良的生活学习习惯。

不妥之处	纠正行为的方法
课堂：上课迟到 课堂：课堂上玩游戏	☐ 提前5分钟进入教室，准备好学习用品 ☐ 提前将手机关机 ☐ ☐
食堂：插队	☐ 遵守规则，排队打饭 ☐ 向他人解释原因，征求他人同意后，提前打饭 ☐ ☐
图书馆：占座	☐ 规划学习时间与地点 ☐ 避免在高峰期占用图书馆座位 ☐ ☐
宿舍：熄灯后，发出声音影响舍友休息	☐ 选择其他空闲时间与朋友语音聊天 ☐ 戴耳机玩游戏 ☐ ☐

任务练习与思考

按照下表的内容，试着填写一下在校园公共场所中哪些行为是不可以做的。

校园公共场所	不可以做的行为
课堂	
寝室	
图书馆	
餐厅	

(续)

校园公共场所	不可以做的行为
进出校园	
乘坐电梯	
卫生间	

任务二 庆典活动礼仪

📋 任务情景

在新生的开学典礼上，刘洋兴奋地与旁边新结识的同学交头接耳，全程畅聊。中途他的电话铃声响起，他也懒得出去，直接在座位上接打电话，对周围的同学造成了影响。在新生代表上台发言时，他对发言的同学指指点点，觉得学生代表的发言不能代表他的想法。在典礼快要结束时，他为了避开人流高峰，悄悄提前离场。

刘洋在开学典礼上的一系列不当行为，引起了周围同学的强烈反感，回校后老师找到他，首先对他的参会表现提出了严厉的批评教育，同时也与他进行了深入的交流，使刘洋意识到了自己错误的严重性，表示以后会改正自己身上的不良行为。

🏷️ 明确任务

任务情景中刘洋在开学典礼上应该遵守哪些礼仪规范呢？

> 学生参加不同类型、不同性质的会议需要注意哪些事项？
>
> **敲黑板**

💬 知识讲解

📖 知识点一　升旗礼仪

国旗是一个国家的象征，升降国旗是庄严而神圣的仪式。在校园中，升旗礼仪不仅是对国家象征的尊重，也是对学生进行爱国主义教育的重要环节。学习校园升旗礼仪，可以培养学生的爱国情操，增强学生的民族自豪感，提高学生的思想道德素质。校园升旗礼仪的规范如下：

1）学校应于每周一举行升旗仪式（假期、恶劣天气除外）。重大节日（纪念日）或举行重大活动时也应举行升旗仪式。

2）举行升旗仪式的场地必须干净整洁，环境肃穆。

3）参加升旗仪式的学生和教职工着装要庄重。

4）升旗仪式使用的国旗不得破损、污损、褪色或者不合规格。

5）升旗手、护旗手要着装统一并佩戴白手套，精神饱满，动作规范。

6）全体人员应提前10分钟入场。升旗仪式开始，全体教职员工、学生面对国旗肃立、脱帽、行注目礼，当国旗升起时，应伴随奏乐齐唱国歌。

> ✏️ **划重点**
>
> 升旗仪式是我国学校教育中一项重要的活动，它对于培养学生的爱国情操具有深远的影响。让学生知晓升旗礼仪能够更加深入地理解我国的历史和文化，进一步增强民族自豪感。

国旗是一个国家的象征,升降国旗是对学生进行爱国主义教育的一种重要形式。《中华人民共和国国旗法》明确规定"全日制中学小学,除假期外,每周举行一次升旗仪式。"通过举行庄严而神圣的升旗仪式,让学生接受爱国主义教育,激发学生爱国热情,增强民族自豪感。每位学生都应高度重视每周的升旗仪式,更应该知晓升旗礼仪,将其作为爱祖国、爱民族的具体表现。

知识点二　典礼礼仪

在学生的学习生活过程中,典礼活动是一种重要的仪式,通常包括颁奖典礼、宣誓典礼等。在这些场合中,学生需要展现出得体、庄重的礼仪,以彰显个人品质和学校风貌。

1. 颁奖典礼礼仪

颁奖典礼是学校对于表现出色、品学兼优的学生进行大力宣传、表彰鼓励的一种重要仪式。无论是参加颁奖典礼的学生,还是上台领奖的学生都要对典礼怀有一种庄严、肃穆的荣誉感和仪式感,不能漫不经心,精神涣散,更不能交头接耳,对台上学生指手画脚。

（1）**参会者礼仪**　如学校有统一规定,则按要求统一着装,如没有具体规定,则应穿着正装。男生应穿西装或衬衫配裤子,女生应穿裙子或裤装,裙子长度应在膝盖以下,服装颜色应选择深色或素色系列;入场时,应按照指定入口进入,并在指定位置就座;会议过程中,要精神饱满、神情专注、积极互动;会议结束后,要等主席台上嘉宾离场后再离开座位,按指定顺序离开。

（2）**领奖者礼仪**　领奖前,服从组织者安排,提前到达指定地点候场;在领奖过程中,面对颁奖的领导,要面带微笑,双手承接奖杯、证书或奖状,同时弯腰鞠躬向颁奖领导说声"谢谢!";领奖后听从工作人员指引,或礼貌配合照相,或依次顺序下场;在颁奖过程中出现任何特殊情况,都要保持头脑冷静,依然面带微笑,不要表现出慌乱,同时迅速寻找解决办法,或通过眼神求助工作人员,要表现出强大稳定的心理素质。

2. 宣誓典礼礼仪

宣誓典礼是一种极为庄重的仪式,学生通常在入团、入党、参加成人仪式等重大事项时需要举行宣誓仪式,代表着人生的重要经历。以入党仪式为例,在宣誓典礼中,通常需要向党旗、国旗、组织标志等宣誓对象致敬。宣誓者需要按照规定的仪式进行致敬,表现出对宣誓对象的尊重和敬意。

（1）**庄严肃穆**　宣誓仪式会场布置应严肃、庄重、简朴,按规定悬挂党旗。

（2）**仪态端庄**　宣誓时须着正装、佩戴党徽,不能背包、戴墨镜。团体需形成整齐队伍方能宣誓。

（3）**动作要领**　宣誓时应面向宣誓对象,正位角站姿站好,举起右臂,右大臂与肩膀水平,小臂向头部收起,小臂与大臂呈45度角,右手握拳与耳中部等高,间距10厘米左右,拳心向前,稍向内合,目光注视宣誓对象。

（4）**宣读誓词**　宣誓时一般都有领誓人领誓,领誓人逐句领读誓词,宣誓人齐声跟读,态度要认真,声音要洪亮、激昂;誓词宣读结束后,

划重点

校园颁奖典礼礼仪是展示学生文明素养和尊重他人的态度的重要场合。学生需要遵守基本的礼仪要求,掌握典礼中的着装、言谈举止礼仪,以展示自己的文明素养和尊重他人的态度。宣誓典礼是一种庄重的仪式,参加者需要遵循一定的礼仪规范,以表现出对宣誓对象的尊重和敬意。了解并遵守这些礼仪要求,可以让宣誓典礼更加有序、庄重和意义深远。

领誓人说："领誓人，×××。"宣誓人同时报出自己的姓名："宣誓人，×××。"然后放下右拳，宣誓礼礼毕。

📖 知识点三　会议礼仪

在校园生活中，同学们对各种正式、非正式，大型、小型，集中、分散式的会议司空见惯，学校的很多事情都是通过会议的方式传达到每位同学，因此，开会也就成为学生在校生活的一个重要组成部分。尽管每位同学都亲身经历过大大小小的各种会议，但未必每位同学都真正知晓参加会议时应该遵守哪些礼仪规范。下面我们就来了解一下参加会议时的礼仪规范：

1）参加会议要提前做好准备，牢记会议时间、地点，以免误场。同时根据会议内容和性质，选择适当的服装。

2）进入会场后，要服从工作人员安排，不迟到、不早退，不随意走动、保持安静。必须进出时，动作要轻，尽量不影响他人。

3）开会过程中，要保持良好的会场纪律，不要交头接耳，左顾右盼。要积极参与台上台下的互动，适时主动热情地鼓掌。

4）要爱护场馆设施，维护会场卫生，如发现周围有废物纸屑，散会时要随身带出会场，丢入垃圾箱内。

5）会议结束时，要先请台上领导和嘉宾退场，如果会场是移动座椅，则应将座椅归位后再按顺序依次退场，切不可一哄而散，争先恐后，造成拥挤的现象。

6）会议中如出现突发事件（如话筒无声、突然停电、发言人忘词等）不要起哄或乱作一团，应安静等待大会组织者的解决或安排。

这里只介绍了学生的参会礼仪，大家可以通过扫描二维码了解更多的会议礼仪知识。

> ✏️ **划重点**
>
> 校园会议是学校教学、管理、科研等方面的重要活动之一，而会议礼仪则是校园会议的重要组成部分。校园会议礼仪对于保证会议的顺利进行、提高会议效率、展示学校形象以及培养学生良好的行为习惯具有重要意义。

📖 知识点四　运动会礼仪

中国创造出了光辉灿烂的古代文明，2008年又通过成功地举办以"绿色奥运、人文奥运、科技奥运"为主题的第29届奥运会，在全世界面前展示了中国的现代文明。中国运动员在2008年奥运会上展现出的精神风貌和辉煌业绩，是全世界人民有目共睹的。

体育运动是人类社会文化最重要的组成部分之一，是增强人民体质的重要而有效的手段。运动会礼仪是运动文明的主要表现形式之一，遵守赛场礼仪，维护赛场秩序，对于提高国民身体素质，创造良好的人文环境会起到积极的推动作用。

1. 运动员礼仪

1）运动员要遵守比赛规则，尊重裁判员的判决，服从裁判员的安排，不得有任何违反比赛规则的行为。

2）在赛场上运动员不能做任何带侮辱性的手势及身体动作，不能对观众、裁判、对手等说任何带侮辱性的语言，不能以摔、敲、踢比赛用品等形式发泄不满，不能做有损害运动员形象、不符合运动员礼仪和身份的行为。

3）在参加颁奖仪式时，无论排名第几，都要与其他运动员友好握手，表示祝贺。

2. 观众礼仪

1）观众应该文明观赛，衣着舒适得体，不能因为是在体育场观赛就不修边幅，或大声喊叫，来回跑动。

2）比赛过程中，你可以为自己的班级或喜欢的运动员加油呐喊，但不要鄙视甚至辱骂其他竞争对手，以免与其他观众发生争执。更不要因不满赛况而向比赛场中投掷杂物、攻击裁判等。

3）在室内观看比赛时，不要使用带闪光灯的相机进行拍照，以免干扰运动员的正常比赛，甚至影响比赛成绩。

运动会礼仪是展示校园文明的重要窗口，不管是参赛者，还是观赛者都应该遵守相应的礼仪规范，共同营造一个文明、和谐、公正的比赛环境。只有这样，才能让校园运动会真正成为展示运动风采、增强学生体质的重要平台。

> **划重点**
>
> 在校园运动会中，遵守礼仪是非常重要的。运动会礼仪不仅能够提升运动会的质量和氛围，还能够教育学生如何遵守规则和尊重他人。遵守运动会礼仪不仅能够增强运动会的公平性，还能够提升运动会的品质。最重要的是遵守运动会礼仪能够教育学生如何尊重他人。因此，在校园运动会中，每个学生都应该遵守运动会礼仪，让比赛在良好的氛围中进行。

任务实施

刘洋在开学典礼中有哪些行为不妥？请填写下表，并思考不妥的原因。

不妥之处	原因

任务练习与思考

张鹏代表班级参加学校的跑步比赛，离终点只有200米左右了，张鹏始终保持第一的位置，突然后面排位第二名的同学重重地摔了一跤，张鹏听见后马上回头返回将摔倒的同学扶起来，结果错失了第一名的成绩。班里同学非常称赞张鹏的行为，认为在转身那一刻他已经赢得了整场比赛。但也有同学埋怨张鹏："为了扶起别人，到手的冠军丢了，班级总分也受到了影响。"

你能从运动会礼仪的角度去分析一下张鹏的这个行为吗？

项目三 建立和谐友善的人际关系——公共礼仪

📧 项目导语

相信很多人听说过"创城"这个词,意思就是创建全国文明城市。文明城市的创建需要每一名市民的热心参与和共同努力。保持良好的公共礼仪,例如不在公众场所大声喧哗、不在禁烟场所吸烟、遛狗牵绳等,都是参与"创城"的具体方式。

在公共场合中,人们的权利行使范围有一部分与他人的权利行使范围重叠,在重叠部分行使自己的权利时,要注重保护他人利益,否则就会产生矛盾和争端。良好的公共礼仪是建立和谐的人际关系和平衡的社会秩序的基础,因此遵守公共礼仪格外重要。让我们共同努力,构建安定和谐的社会环境,促进新时代中国特色社会主义精神文明建设,树立良好大国形象。

项目构成

任务一:学会以礼待人(人际交往礼仪)
任务二:倡导社会文明(公共场所礼仪)

✓ 项目目标

知识目标

掌握人际交往中的礼仪规范;
了解各类公共场所的礼仪要求。

技能目标

能够自觉遵守公共礼仪,与人为善、谦恭有礼、相互尊重;
能够根据各类公共场所的特点约束自己的言行举止,不触犯禁忌。

素养目标

培养良好的公共交往素质和集体观念。

任务一 学会以礼待人(人际交往礼仪)

人际交往礼仪是一个人与他人建立良好关系的开始,拥有良好的人际交往礼仪,才能使你优雅、得体;拥有良好的人际交往礼仪,才能展现出一个人的修养,赢得他人的尊重和喜爱;拥有良好的人际交往礼仪,才能使你建立起良好的人际关系,助力学业和事业的发展。

任务情景

● 人物：王森
男，16 岁，某职业学校二年级学生，爱好旅游、历史

● 人物：李明
男，16 岁，某职业学校二年级学生，爱好旅游、文学

王森和李明成为冬奥会志愿者，他们第一天去报道，见到了负责组长李女士，如何在会见中留下良好的印象呢，初次见面应当怎么做呢？

分配任务时，组委会给他们安排了第二天接待外国运动员的任务，并将负责接待的组长李女士介绍给外国运动员，王森和李明该注意些什么呢？

王森和李明在工作中热心帮助来自各国的运动员，而且还邀请外国运动员里拉和他的朋友们到家里做客。他们应当在交谈中注意什么？该如何展示接待礼仪呢？用餐过程中应当注意些什么？

王森和李明与外国运动员建立了深厚的友谊，外国运动员要回国了，他们相约回国后通过网络平台保持相互联系。他们如何使用社交平台或者软件进行交往呢？

明确任务

不管是在日常生活中，还是一些正式场合中，会见、交谈、拜访和接待、用餐等都是必不可少的内容，如何掌握良好的人际交往礼仪呢？

> 人际交往礼仪都包括哪些方面？应该如何掌握人际交往礼仪技巧呢？
>
>
> 敲黑板

知识讲解

知识点一　会见礼仪

与他人会见时应当留下良好的第一印象，见面时寒暄、介绍、握手等都是必不可少的。介绍是人与人之间相识的手段，正确的介绍可以使不认识的人相互认识，也可以展示出自身良好的交际风度。自我介绍，是在社交场合必要的情况下，自己担任介绍的主角，将自己介绍给他人。他人介绍，又称第三者介绍，是经第三者为彼此不相识的双方引荐的一种介绍方式。

1. 自我介绍

自我介绍时要注意适宜恰当、举止庄重、表情坦然，眼睛应注视对方。讲到自己时可将右手轻点自己的左胸。

自我介绍的类型有应酬式自我介绍、工作式自我介绍、交流式自我介绍、礼仪式自我介绍、问答式自我介绍等，自我介绍的范例如下图所示。

> **想一想**
>
> 王森和李明应该采取哪种方式自我介绍呢？

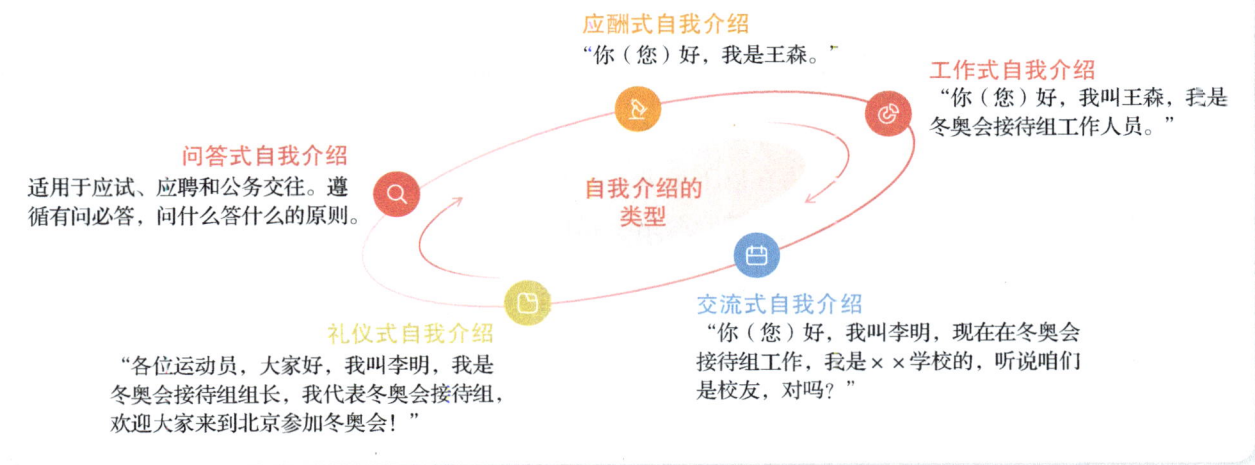

● 自我介绍的范例

2. 介绍他人

为他人介绍，秉承"尊者有优先知情权"原则。应先把晚辈介绍给长辈，把地位低者介绍给地位高者，把男士介绍给女士。介绍人作介绍时，应该使用敬辞。比如："王小姐，请允许我向您介绍一下……"或者较为随便地可以说："张先生，我来介绍一下，这位是……"为他人介绍时，应该把手掌伸开，手心向上，向着被介绍一方，不可以用手指点，或者去拍打被介绍一方的肩和背。介绍者的姿势如下图所示。

● 介绍者的姿势

> **划重点**
>
> 长幼有序的介绍礼仪：
> 1）以客为尊，先将自己的同仁介绍给客户；
> 2）若辈分相同，先将男士介绍给女士；
> 3）将晚辈女士先介绍给长辈男士；
> 4）将晚辈先介绍给长辈；
> 5）将个人先介绍给团体。

接待客人应该先把客人介绍给主人，另外还要把晚到的客人介绍给早到的客人，若被介绍的一方不止一个人时，应从职位最高的开始按顺序一一介绍。

即时讨论

王森和李明应该如何为运动员们介绍李女士呢？

---

3. 握手礼仪

握手是人际交往中最普遍的一种礼节，握手的发起要遵循"尊者决定"的原则，即位尊者（长辈、上级、女士）先伸出手来，低位者（晚辈、下级、男士）给予响应。

知识拓展：
握手礼的来源

握手时应起立、脱帽，神态要专注、热情、友好、自然。标准的握手姿势是伸出右手，用手掌或手指稍稍用力握住对方的手掌，通常 3 秒左右为宜。握手示范如右图所示。

什么时候应该握手呢？这取决于交往双方的关系、现场的氛围及当事人的心理等多种因素。一般认为在以下场合是有必要与交往对象互行握手礼的：在较为正式的场合，被介绍给不相识的人；拜访他人后辞行时；赠送礼品和颁发奖品时；在重要社交场合表示欢迎或道别时等。

● 握手示范

握手的注意事项如下图所示。

● 握手的注意事项

知识点二　交谈礼仪

语言交谈是人们在沟通交流时必须使用的手段，良好的语言交谈，能够迅速缩短人与人之间的距离，唤起他人的信任感、亲切感。在交谈中，一定注意以下事项：态度诚恳、气氛融洽、神情专注、语言得体、适可而止。与人交谈的技巧如下。

1. 保持合适的距离

合适的社交距离能够让对话者感受到舒适和被尊重，应根据不同的关系，保持合适的社交距离。人际空间距离分为亲密距离、个人距离、社交距离和公众距离，如下图所示。

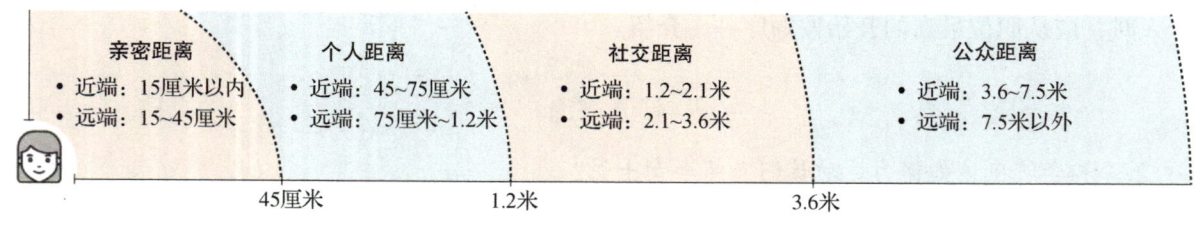

● 人际空间距离

2. 恰当地称呼他人

在见面交谈时，应该正确称呼对方。合适的称呼能够表达尊重、亲切等感情，带头衔的称呼还能够彰显对方的地位。

与有头衔的人交往称呼其头衔，如吴局长、郑校长等。若关系亲密可私下称呼名字。

有些职业可以直接称呼职业，如王老师、张医生、李警官等。

有专业技术职称的可以称呼职称，如关教授、秦工程师等，知识界人士只有博士可以作为称谓，其他学位不可以。

3. 有分寸地把握话题

交谈双方是平等的，选择大家共同感兴趣的话题作为交谈内容，忌打听对方的年龄、收入、个人物品的价值、婚姻、宗教等。

尊重他人的隐私、需要保密的内容，在谈话内容上根据关系决定是否涉及疾病、死亡、灾祸等不愉快的话题，要注意亲疏有度，切忌"交浅言深"。

4. 控制讲话时的不良习惯

讲话的不良习惯，不但有违礼仪，而且会让对方不适。如打断别人讲话、用语中不自觉带脏话、说话时口沫横飞、说话时不自觉动手动脚、心不在焉、喜打探隐私揭人短处等。

知识点三　拜访和接待礼仪

1. 拜访礼仪

中国向来注重人情，走亲访友是必不可少的维系感情的方式。虽然一般性拜访一般指私人间拜访，但仍然要讲究做客的礼仪，做一个受欢迎的客人，否则就失去了维系感情起初的目的。

拜访他人要尊重主人，同时注意自己的行为举止。

（1）**提前预约**　拜访一定要事先有约，贸然前去可能影响主人的安排，可能是不受欢迎的。在拜访的时间选择方面，通常一日三餐、午休、过早或过晚的时间都是不适宜的。与主人提前预约，选择主人方便的时间最佳。

特殊时期如红白喜事、生病等，为了表达慰问和关心，可不预约直接登门拜访。主人邀请做客，如无特殊情况，一般不宜拒绝，按照主人邀请的时间前去即可。

（2）**做好拜访前的准备**　一般情况下登门拜访，根据拜访的目的不同，如表示感谢、寻求帮助、联络感情、表示慰问等，需要准备一些伴手礼，应当提前做好准备。如较为随意地联络感情拜访，则可看主人的情况行事。如是其他目的，应当提前设想好措辞和拜访的时长，以免过度地打扰主人或因安排不当未达到拜访的目的。

（3）**拜访时的礼仪**

1）准时赴约：拜访时应当准时到达，不能早到，也不能迟到，以免给主人带来不便。

2）叩门按铃：观察主人家是否有门铃，有门铃先按门铃，没有门铃再敲门，敲门用食指指关节有节奏地敲击两三下，即使门是敞开的，也要敲门并得到允许才可进门。

3）进门问候：进门向主人及在场的所有人打招呼。

4）注意举止：个人物品要摆放在主人指定位置，不要随意地乱翻乱动主人的东西，在主人端茶、端水果时应用手扶一下并礼貌致谢。

5）适时告辞：一般性拜访根据拜访的目的掌握拜访时间，如是表示感谢、寻求帮助或表示慰问，时间控制在半小时到一小时为宜，如是关系较为亲近的人，主人也已准备好餐食，则不限制时间，但应当用餐后礼貌性地收拾，并待一段时间后再走。

2. 接待礼仪

（1）准备工作

1）了解宾客的基本情况：接待工作中，一定要充分掌握宾客的基本情况，尤其是主宾的个人情况，了解宾客是否有特殊的需求或者宗教信仰等。如果是工作来访，应当了解宾客的来访目的、行程、要求，在力所能及的范围内尽可能地给予宾客全方位的照顾。

2）制订具体计划：按照提前了解的宾客情况，根据宾客抵达和离开时间，制订一份详细的计划，应当包括迎接方式、规格、交通工具、用餐住宿、日程、陪同人员、经费开支等各项基本内容。

（2）迎宾

1）准时：根据宾客到达的地点，提前到达迎接客人，能让客人到达地点后就看到有人等候。

2）问候及介绍：迎接到客人后，应当寒暄问候，如果有其他人员，按照介绍他人原则，做相应的介绍，过程中要端庄有礼，面带微笑。

3）礼待宾客：客人来访，互相介绍后，迎宾人员应当主动握手致意，并说"欢迎您"等用语；客人手中有行李一定要接过行李，如果是其他不宜代拿的物品如文件、密码箱等，则不宜代劳。

（3）陪同　陪同人员的安排应当与宾客的身份相当，如因其他原因无法匹配，则可做出解释说明。

1）谈话：接待宾客时，主人应当选择一些宾客感兴趣的话题，如即将参加活动的背景、活动的资料、建议等；如果是外地宾客，则可以介绍当地的风土人情、气候、物产、旅游景点等。

2）食宿接待：饮食安排应该按照宾客的情况，实行相应规格的接待，提前将食宿情况向宾客说明。办理住宿时，应当代为办理住宿手续，并将宾客送入房间，告知周边的情况，并将日程表奉上。考虑到客人旅途劳累，应当尽快离开，离开时告知下次见面的地点和时间，留下联系方式。

（4）引导　引导应当使用基本手势，五指并拢伸直，掌心向上，抬起手臂，视线随同手臂向正确的方向，当宾客向引导方向走时，即可自然放下。引导手势示范如右图所示。

● 引导手势示范

宾主双方并排时，宾客在内侧，主人在外侧；三人并行，位尊者居中间；引导人员应当在宾客前两三步，到拐弯处时，引导人员应停下并使用引导手势，说"这边请"；女性引导宾客时，通常由于裙装不便，可让客人走在前面，用语言告知去向，如"上楼后请右转"。

乘坐电梯时，如果宾客较多，则引导人员应当先进入电梯，按住"开"按钮等所有宾客进入；下电梯时，按住"开"按钮，让所有宾客先下电梯；如只有一位宾客，则应当自己拦住电梯门，请宾客先出入电梯。引导宾客乘坐电梯示范如右图所示。

● 引导宾客乘坐电梯示范

引导宾客进入会议室或者办公室时，应当先敲门通报，如"李经理，我带秦经理来了"，得到允许后再进入，向内开门则自己先行进入，站在门边做出"这边请"的姿势；向外开门则自己抵住门，请宾客先进入。引导宾客进入会议室示范如下图所示。

● 引导宾客进入会议室示范

（5）送别

1）提出道别：道别应当由客人提出，主人提出会有厌客、逐客之意。

2）送别语：用礼貌用语表达依依惜别之情，如"再见""走好""多多保重""感谢光临""有空多联系"等。

3）送别方式：根据不同的客人，送别方式不同。一般的客人，送到门口进行道别即可；如是常客，应当送到门口、电梯门口、楼下、院门、车上等；如果是初次来访的贵客，则应送得更远些；如因某些原因无法相送，则解释并抱歉。

远道而来的客人，要帮助其办好返程手续，掌握好返程时间，送至交通车站、机场、码头等。

知识点四　用餐礼仪

在平时生活中的用餐或者亲戚朋友宴请聚会时，也要遵守用餐礼仪，在工作中更要掌握宴请和赴宴礼仪，更有利于个人的交际和工作的顺利开展，以免出现失礼的行为，让自己和对方陷入尴尬境地。

1. 宴请礼仪

宴请的流程为：准备工作——引导宾客入席——致辞祝酒——用餐及谈话——送别，如下图所示。

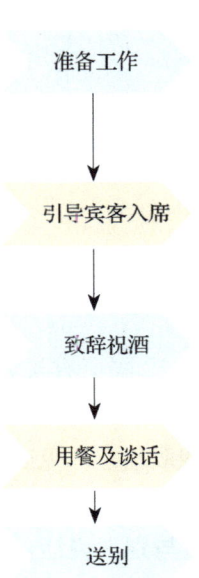

准备工作	宴请需要提前做准备工作，(1)需要明确宴请的人数、形式、宴请的目的；(2)选择合适的时间（工作餐一般在中午，正式宴会在晚上，如亲朋好友聚餐则看具体的时间安排）；(3)根据宴请的对象选择合适的地点；(4)发出邀请，较为重要的宴请需送出请柬；(5)安排座位。
引导宾客入席	为表示对宾客的尊重，主人一般要提前到达并在宴请地点门口迎接宾客，宾客进入后应当热情问候、握手。主人应先引导主宾、女宾入席，再引导其他宾客入席。主人向宾客互相介绍，增进交流。
致辞祝酒	主人应当在用餐期间提出一些宾主都感兴趣的话题，让宴会始终处于热烈、友好的氛围中，主人不能只同个别人交谈、不能自顾自吃不理会他人、不能边吃边哈哈大笑。每当上菜时，邀请大家共同品尝，可介绍菜品特点及典故等，如是特色菜品，更需专门介绍。
用餐及谈话	主人可以通过放下餐具，从餐桌旁站起，传递出结束的信号，一般最先告辞的人为主宾。主人应当一一送别，尤其是对座席间照顾不多的宾客，应说几句抱歉和感谢的话。
送别	我国习惯在开宴之前讲话、祝酒。正式宴请中，宾主均应该致辞，通常在主宾入席后，开宴之前，主人致辞并邀请主宾讲话，主人致辞应当热情并言简意赅。

● 宴请的流程

座次礼仪：在中国的传统文化中，座次很重要。餐桌摆放和餐桌的座席定位都遵循着"面门定位，以右为上""面门定位，以远为上"的原则。座次礼仪如下图所示。

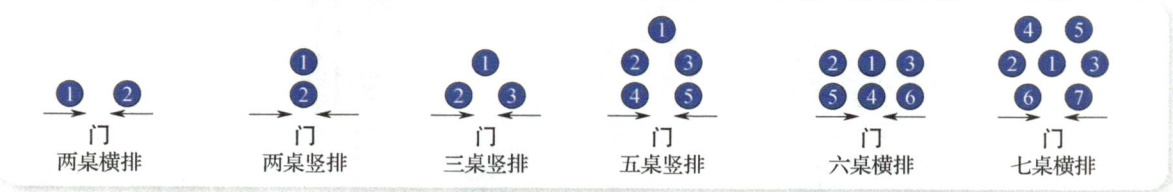

● 座次礼仪

主人宴请时，主人坐在门对面，宾客根据重要程度依次排列在主人的右侧与左侧，如下图所示。如果男女主人宴请，则男主人坐在门对面，男女主人对坐，座次以离男女主人近为上，如下图所示。

知识拓展：
中式宴请的上菜顺序

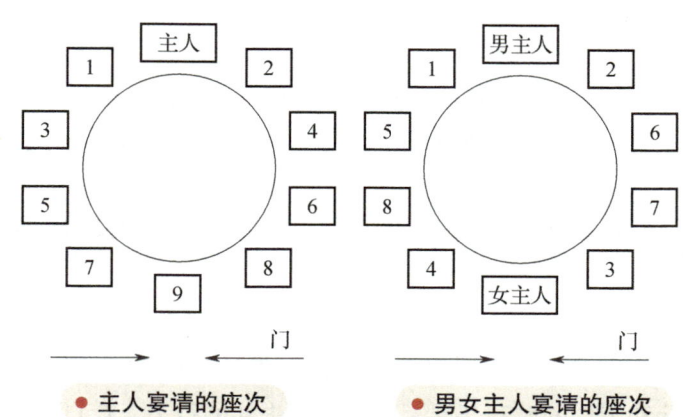

● 主人宴请的座次　　● 男女主人宴请的座次

即时讨论

王森和李明邀请外国运动员里拉和他的朋友们到家里做客，该如何做呢？
说出具体的步骤和注意事项。

2. 赴宴礼仪

参加宴会，无论是以私人身份还是因公身份，都应注重礼节。这既是个人素养的体现，更是对主人的尊重，因公赴宴还可以展示公司的良好形象。

1）注重仪表：参加宴请要按照具体情况搭配穿着，适度修饰自己的仪表。

2）准时赴宴：参加宴请不要过早抵达，主人可能尚未做好接待准备，更不要迟到，以免给主人带来不便，同时影响其他客人。

3）按照主人安排就座，如果没有安排你的座位，自动坐在远离主人的座位上，同桌有长者、贵宾、女士，要等他们坐下后才可就座。

4）礼貌用餐：进餐时切忌狼吞虎咽，取菜时不要过多，不可见到喜欢的菜就取很多，见到不喜欢的菜就表现出厌恶的表情或者声音，那样是很不礼貌的；吃饭时闭嘴咀嚼，不要发出声音，打喷嚏或者咳嗽等，要侧身用餐巾纸或者手肘遮挡口鼻，并向邻座道歉；别人口中有食物避免与别人说话，如别人问话时自己口中有食物，等咀嚼完毕再回答；用餐时他人取菜时不要转桌。

知识点五　网络礼仪

1. 收发电子邮件礼仪

电子邮件是在工作中的一种重要的通信方式，其优点有迅速、方便、价格低廉、可进行大量信息交流。

1）书写要求：撰写电子邮件总体要求为在主题栏写明主题，便于收件人查看；有称呼、有问候；简明扼要，直指主题；字号适宜，勿过大或过小；结束时要有问候语及署名。

2）发送确认：发送邮件一定要确认发送地址，以免重要信息发送到错误地址，发送后可以电话或者信息形式确认对方是否收到，并表达希望对方尽快回复。自己的邮箱也可以设定自动回复，对方发送邮件后，可以收到回复确认，能够提高办公效率。

2. 社交软件礼仪

现代社会下，网络即时通信软件几乎成了生活、办公的必备沟通工具。社交软件的使用也成为人际沟通的重要部分和环节，良好的社交软件礼仪，也能够让你给他人留下良好的印象。社交软件的礼仪包括区分工作与生活、礼貌添加好友、慎重使用表情、遵守"朋友圈"礼仪、注意聊天内容等，如下图所示。

区分工作与生活
工作联系人要备注具体的单位和姓名。工作时间不要使用即时通信工具聊私人事务；非工作时间尽量不要与工作伙伴聊工作，打扰他人的休息

礼貌添加好友
当面添加他人时，应方便他人，目前常用的社交软件是微信，可以让他人打开二维码，自己添加，添加时应礼貌问好，自报家门。通过朋友介绍，添加他人时，在发送的添加申请中要说明自己的身份及添加理由，等待他人通过时，不要频繁多次添加，可以通过介绍人询问或提醒，添加成功后，应率先礼貌问好，说明自己添加的原因

慎重使用表情
有的表情没有非常明确的意思，即便是同一个表情，不同的人也可能理解出不同的意思，容易产生误会。工作中不要使用一些意思不明或格调不高的表情，会给人留下不好的印象

遵守"朋友圈"礼仪
发朋友圈分享自己的生活时应注意，如果只分享给部分人，可以设置分组，仅仅想留存可以设置成私密，不要在朋友圈短时间内多次分享个人信息，会造成他人打开朋友圈后"刷屏"，引起反感，分享过多私人信息有可能被不法分子利用。发送朋友圈后，对待别人的点赞和评论要及时回复和感谢，在工作中多给工作伙伴点赞、评论，可以拉进关系

注意聊天内容
根据不同的关系采用不同的聊天方式。工作沟通要注意用语，正式说话之前应当先打招呼，并礼貌称呼，不要用"在吗？"开启聊天。工作聊天讲究礼貌，准确地阐述具体的内容，信息编辑好发送前应当再读一下，以免出现错别字或者歧义，带来麻烦

● 社交软件的礼仪

3. 网络发帖礼仪

网络不是法外之地，也必须遵守规范和礼仪。不要认为没有真实身份就可以为所欲为，现实中当面不能说的话，在网络上也不能说。网上发帖可以发表自己的意见，但是避免使用过激或者不文明话语。在评价他人事项时，尽量做到不明全貌不予评价。在讨论中发表自己的意见时，应当平心静气、以理服人，禁止谩骂、侮辱或人身攻击，避免出现"网络暴力"。出现上述情况，不但不文明守礼，还可能会出现违法的情况。

案例链接

自 2022 年 5 月至 2023 年 4 月，被告张某某使用其拥有 40 万粉丝的网络账号直播 40 余次，发布针对李某某的视频，其中含有大量谩骂和人身攻击的言辞。引发网民围观，并跟进评论、嘲讽、诋毁。同时，张某某还组建粉丝群，煽动他人辱骂李某某。

北京互联网法院裁定认为：结合张某某既往行为和本案实际情况，其正在实施侵害行为，且继续实施侵权行为的可能性较大。张某某涉及侵权，及时制止以防影响范围、损害后果进一步扩大。据此，依法作出裁定，责令张某某立即停止在涉案账号中发布侵害李某某名誉权的内容。

4. 游戏礼仪

网络游戏是让人们休闲和放松的途径之一，在游戏过程中，一定要认识到游戏中输赢都是正常的，网络游戏只是娱乐，不要过度带进现实生活。因为输了游戏就使用不文明词汇，与他人发生口角和冲突，结果会丧失游戏本身是为了娱乐的本质。

参与游戏就要尊重游戏规则，团队协作的游戏可以培养团队意识，文明有礼地玩游戏才能使游戏带给你休闲和享受，而不是带来烦恼与冲突。

> **划重点**
>
> 遵守人际交往礼仪，是形成良好人际关系的前提。一个灿烂的微笑，一次礼貌的谦让，一句温暖的问候，都可以传递热情，感化人心，使人际氛围更加融洽。

任务实施

在冬奥会志愿者培训活动中，礼仪老师将王森和李明分在一组进行培训。王森为了更好完成培训，准备加李明的微信好友。假如你是王森，该如何与李明成为微信好友。根据下表的流程，思考加微信好友的社交场景下，应该如何恰当地沟通。

场合	培训课的自由活动时间	
步骤	对话	
自我介绍	李明，你好！我是王森，也是这次冬奥会的志愿者。	
提出加微信好友的请求	想和你共同学习交流，可以加个微信吗？	
询问加微信好友的方式	☐ 同意加好友 是你扫我的二维码？还是我扫你的？	☐ 不同意加好友 抱歉，打扰您了。
扫描二维码后及时确认	☐ 已通过好友 谢谢你的通过，期待和你交流！	☐ 未通过好友 发送一次通过好友的提醒消息

注意事项

1）避免过度打扰：在添加微信后，不要频繁发送消息或打扰对方，尤其是在对方没有明确回应或表示不便时。要保持适当的距离和尊重对方的个人空间。

2）注意聊天内容：在聊天时，避免涉及个人隐私（银行卡、身份证号）、敏感或争议性的话题。保持聊天内容积极、健康、有趣，并尊重对方的观点和感受。

3）维护良好的关系：通过微信交流时，要展现出友好、真诚和积极的态度。尊重对方的意见和想法，不要发表攻击性或贬低性的言论。同时，也要关注对方的动态和反馈，及时回应和互动。

4）注意聊天时间：在发送消息时，要注意对方可能正在忙碌或休假。避免在深夜或清晨发送消息，以免打扰对方的休息。

任务练习与思考

实训练习

学生进行角色扮演，A 同学是盛宁集团总经理助理，接到公司任务，要接待两名客户 B（中年男士）和 C（年轻女士）。公司要求 A 同学接待 B 和 C，完成做自我介绍，并介绍客户双方认识，引导客户参观公司，安排用餐及住宿等任务。

要点：学生根据情境进行脚本设计，按照每个步骤以正确的人际交往礼仪进行接待。

任务二 倡导社会文明（公共场所礼仪）

公共场所是提供公众从事社会生活的各种场所的总称。

公众包括不同性别、年龄、职业、国籍，不同健康状况，不同从属的流动人群，具有不确定性和不稳定性，所以我们更应当注重公共场所礼仪。

人们在文化场馆中学习参观，在旅游景点观光放松，乘坐交通工具出行，在健身场馆、体育场锻炼身体，良好的公共场所礼仪保障了公众秩序，有利于每个人权利的实现，营造了舒适和谐的公共氛围。

任务情景

王森和李明放暑假了，暑假两人做了积极健康的计划安排：

1）一起去参观国家博物馆，结束之后去看电影。他们约好在车站见面，一起乘坐公交然后换乘地铁前去。

2）一起去新疆维吾尔自治区旅游，他们第一次乘坐飞机，第一次跟团旅行，他们请你帮他们拟定一份礼仪指南。

3）假期要加强锻炼，去体育馆健身房锻炼身体。

他们如何在几个计划中掌握好公共场所礼仪，应该注意些什么？

> 参观博物馆需要注意些什么呢？在公交、地铁等公共交通工具上，应该遵守哪些交通礼仪呢？如何做一个文明的旅游者和锻炼者呢？
>
>
> **敲黑板**

知识讲解

知识点一 文化场馆礼仪

文化场馆为公共场所，包括影剧院、博物馆、音乐厅、艺术馆、图书馆等，这些场所环境较为安静，是高雅的文化场所。出入文化场所应遵循以下原则。

1. 着装整齐

作为观众，在文化场馆观看演出、展品、书籍等，应当衣着整洁、较为正规。不能穿着背心、拖鞋入场，即使天气炎热，袒胸露腹也与文化场馆环境格格不入，令人侧目。

2. 安静文明

文化场所，尤其是剧院、博物馆、艺术馆等，以宁静安谧显出其神圣高雅的格调。在这些知识、文化、艺术充盈的殿堂中，应当安静地观看、欣赏、思考。指手画脚、大声喧哗、大吃特吃是无法获得艺术的熏陶的，同时也影响了其他观众的观看环境，是十分不道德的。

3. 准时有序

进入文化场所，应当尽量提前到场，尊重演员及其他观众，遵守秩序，有序排队进场、退场。入座时必须经过已入座观众时，切勿让自己的臀部对着别人的脸，低头礼貌说"对不起，请让我过一下"，再面对对方经过。

即时讨论

阅读以下材料并回答问题：

周末，王森今日计划要去博物馆参观，下午跟李明去剧院观看《茶馆》。他们约好在车站见面，公交车到站了，李明还没到，他焦急地等待着，就在这时李明到了！他马上把住公交车的门，喊道"李明，李明快上车"，上车后他们坐在黄色座椅上打开王者荣耀，叫喊着打起了游戏。这时一名老人上车，他们头也没抬根本没看到。忽然听到公交车报站，国家博物馆站到了，他们马上跳起来，冲到前门，挤开上车的人群，下了公交车。

到了博物馆门口，李明看到有卖零食的，买了一大包零食进入博物馆，一边吃一边看，大声讨论、追逐打闹，地上的残渣掉了一地，周围的人纷纷侧目摇头。

下午4点《茶馆》开演，由于去购买饮料，4点05分他们到达剧院，门口工作人员禁止带食物饮料进入，他们和工作人员大吵一架。进入剧院后，看到演员已经在台上表演了，座位在第8排中间部分，王森直着身体走过同排座椅的观众，踢到了别人的脚，还用屁股对着他人，并对李明大声说："快点、快点！"

请你找出不符合公共场所礼仪的部分，并说一说王森和李明应该怎么改正？

知识点二　公共交通礼仪

1. 乘公交（地铁）礼仪

公交（地铁）到站时应依次排队，上下车时按照规定在车门提前准备，依次上下车，下车时如比较拥挤，应当说"借过一下，谢谢"。上车后不要打闹；不要拥挤抢占座位，对老、弱、病、残、孕、怀抱婴儿等人群要照顾谦让，主动让座；不要把物品放在座椅上替别人占座；按照相关规定不在公交（地铁）上吃食物。

2. 乘火车（高铁）、轮船礼仪

上火车（船）时应依次排队，不要插队和挤撞别人；在车厢（船舱）里，应当保持安静，不得大喊大叫，追逐打闹；个人垃圾应放入袋子扔进车厢（船舱）垃圾桶。

行李放在自己座位或床铺上方、下方或其他指定位置，不要放在过道，阻挡他人通行；短途尽量不要脱鞋，长途出行需要脱鞋时，注意自己脚部卫生及气味，不要随意放在别人的座位或床铺上，这是非常失礼和令人厌烦的行为；吸烟乘客应去指定区域吸烟。

如乘坐船舱有晕船情况，一定提前准备治疗晕船的药物，如有不适需要呕吐，应提前到卫生间，如实在来不及也应当提前准备塑料袋等，以免影响他人。

使用卫生间时，不要长期占用，开关门之前注意观察周围人员，尤其是小孩，避免夹到手。使用后及时冲干净。

3. 乘飞机礼仪

乘飞机要准时，应提前至少2小时到达机场，因对于安全要求较高，配合安检及行李托运，遵守机场各项规则。严禁携带不允许携带的物品登机；登机时机组工作人员打招呼时应当微笑点头或回应"您好"；进入机舱后按照自己的座位就座，将安全带系好，等待起飞。

乘飞机时应保持安静，遵守秩序；全程应将手机关闭或调成飞行模式，这既是对安全负责，也是基本的规则和礼貌；在调整座椅靠背时应看一下后方乘客是否在使用桌板，防止突然调整给对方造成不便。

与乘务员应当友好交流，取放行李时，注意周边人员。飞机座椅旁和座椅上方的按钮，是遇到问题时呼叫乘务员使用，不要随意乱按。飞机上提供的餐饮虽然是免费的，但是要有节制，不可以无节制地食用和饮用，展现良好的礼仪，彰显年轻人的风采。

知识链接

实习单位安排你和领导、同事一起驾车出差，你知道怎么安排座位吗？

1. 轿车

专职司机驾驶小轿车时，以后排右侧为首位，左侧次之，中间座位再次之，前坐右侧为末席，如右图所示。

如果乘坐商务轿车，以第二排右侧为尊，第二排左侧次之，最后一排顺次为3、4、5，司机右侧为协调服务人员，如右图所示。

如是主人亲自驾驶，以驾驶座右侧为首位，后排右侧次之，左侧再次之，而后排中间座为末席。

2. 吉普车

吉普车无论是主人驾驶还是司机驾驶，都应该以前排右座为尊，后排右侧次之，后排左侧为末席。上车时，后排位低者先上车，前排位尊者后上。下车时前排客人先下，后排客人再下车。

3. 旅行车

如采用旅行车出行，司机座后第一排，即前排为尊，后排依次为卑，其座位的尊卑，依每排右侧往左侧递减。

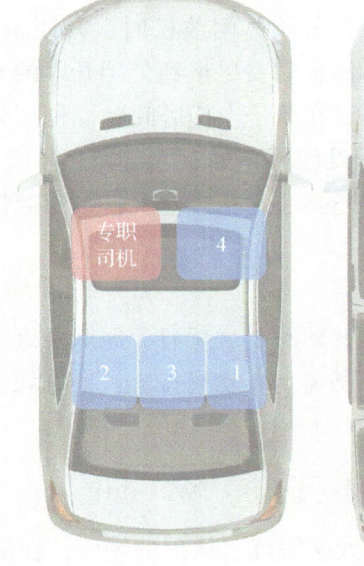

知识点三　旅游休闲礼仪

1. 去景点

去景点后，要遵守景点的礼仪，如爱护旅游资源、注重环境保护、遵守秩序、尊重当地的习俗等，如下图所示。

> 王森和李明乘坐飞机要注意哪些礼仪呢？如何做一个文明旅游的年轻人？
>
> **敲黑板**

01 爱护旅游资源	02 注重环境保护	03 遵守秩序	04 尊重当地的习俗
不得破坏景区和旅游地的公共资源。在游览人文景观时，一定注意景区的提醒事项，避免对文物造成损坏。在游览自然景观时，不要随意践踏植物，山林地区要遵守防火要求	不随意采摘野菜、果蔬，不得随意捞鱼虾、玩水等。进入旅游区域内，确保垃圾都进入垃圾箱。野餐时，选择指定区域，使用完毕后，将使用区域清理干净，恢复原状	在旅游中，遇到景点人较多的情况下，自觉排队，不要拥挤推搡，扰乱秩序。如跟团旅游，要听从导游安排，不随意离队、迟到等。力所能及的情况下，照顾老人、妇女、儿童	在出发前，应对旅游目的地的风俗习惯、礼仪和禁忌有一定的了解，做到入乡随俗

● 景点的礼仪

2. 在公园

公园是人们日常休闲、娱乐的场所。每天都会有锻炼身体的人、散步的老人、游玩的孩子等在公园中欣赏自然美景，使用公共设施，游玩娱乐等，所以每个人都有责任爱护公园，讲究游园礼仪。

（1）**保持环境卫生**　在公园要保持环境的干净整洁。不要随地吐痰、随地大小便，污染环境，也不要乱扔果皮纸屑、杂物等垃圾，破坏景致。

（2）**遵守规章制度**　游客应当遵守公园的规章制度，公园各处的标识标牌的规定，爱护花草树木，不要随意践踏，如右图所示。对公园的公共建筑、公共设施和文物古迹，都要珍惜和保护，不要在各种设施上乱涂乱画。

（3）**注意言谈举止**　在公园休闲放松时，言谈举止要注意文明、符合道德。就餐或休息时要尽量到公园开辟的专门场所，不要随便席地而坐，更不要在椅子上横卧睡觉。使用公共设施，如长椅、健身器材、娱乐设施等，如有人等待，不要长时间占用。此外，在人多的地方还要注意礼让他人，不要拥挤。

● 遵守公园规章制度

即时演练

两位同学分别模拟旅游中的文明行为和对应的不文明行为。

讨论你在旅游中，遇见的不文明行为，提出对这种现象的看法，展开讨论。

知识点四　健身（运动）场馆礼仪

健身（运动）场馆是大家锻炼、休闲的场所，在健身（运动）场馆应当注重自身安全和他人安全，爱护器材，行使自己权利过程中也注意保护他人的权利和利益。

> 在体育馆、操场、游泳馆、健身房都要注意什么公共场所礼仪呢？
>
> **敲黑板**

1. 体育场

在体育场观看体育比赛时，穿着休闲装或运动装即可。观看体育比赛排队进入时依次而行，切勿推搡，观看过程中可以尽情欢呼，因为体育比赛就是需要观众的热情鼓舞运动员的士气，但在准备阶段或发令枪响时应保持安静，以免影响运动员的发挥。进出座位时也要注意侧身或正面经过他人身旁，并礼貌与他人打招呼。

在体育场运动时，穿着舒适的运动衣和运动鞋，在离开前将垃圾投入垃圾桶，将场地收拾干净。使用场地遵守秩序、先来后到，如无场地要等待他人使用完毕，或者礼貌询问是否可以加入。遵守比赛规则和场地规则，尊重对手和裁判，有犯规行为及时向对方运动员和裁判员表示歉意。

2. 健身房

微课视频：
健身房的使用

> **即时讨论**
>
> 观看视频，说一说在健身房运动应遵守的公共场所礼仪吧。

健身房是供人们锻炼的场所，进入健身房要衣着得体，女士衣着不宜过于暴露，男士不能赤裸上身；在健身房中不要大声喧哗、长时间聊天，占用器材或场地做与健身无关的事。

如器材正在被使用，可在旁边安静等待。运动完毕，将器材回归初始状态，将数值清零，如自己的汗水弄到器材上，使用后应当用随身携带的毛巾或者纸巾擦拭干净。

3. 游泳馆

游泳馆深受游泳爱好者的喜爱。在夏天，很多家庭也喜欢带着孩子在游泳馆消暑。

游泳馆的水质需要大家共同保持，在进入游泳馆前应当认真冲澡，将汗水、污垢洗干净，应当戴好游泳帽，将头发完全地包在泳帽里，以免头发掉入游泳池。携带毛巾或者充足的纸巾，在游泳过程中如呛水或者产生鼻涕等，用毛巾或纸巾擦拭干净。

在游泳的过程中，避免突然转弯，尽量避开年龄较小的孩子。在游泳池嬉戏，尽量控制游泳的水花，大量水花溅到别人头上和脸上，是令人厌恶的行为，不要过度打闹，以免出现安全问题。

> **划重点**
>
> 公共礼仪反映社会公德，其核心要义是眼里有他人，不以自我为中心。在社会交往中，公共礼仪体现在方方面面，是维护和谐稳定社会风气的重要因素。

任务实施

李明和王森在地铁、公交、博物馆中，观察到很多行为。请你判断下列行为是否符合公共场所礼仪的要求，符合的打√。

场合	行为
公交车	□ 排队候车，依序上下 □ 遇到老、弱、病、残、孕等需要照顾的乘客时，主动让座 □ 在车厢内大声交谈、打电话或播放音乐等 □ 用随身物品占座或挡住过道 □ 用手机偷拍他人
地铁	□ 在车厢内吃气味重的食物，留下食物残渣 □ 车厢拥挤时适度与他人保持距离 □ 将垃圾随手丢弃在车厢内或站台上 □ 乱写乱画，踩踏座椅 □ 乘自动扶梯时靠右侧站立，让出左侧通道给赶时间的乘客行走，遵守国际惯例

01　礼仪篇

(续)

场合	行为
博物馆	☐ 大声喧哗、高谈阔论或随处乱跑，干扰其他参观者的观展体验 ☐ 强行跨越警戒线进入禁止区域 ☐ 触摸展品，在禁止拍照的区域拍照 ☐ 插队或占用公共设施 ☐ 穿着相对正式的衣物进入博物馆

任务练习与思考

1. 公共礼仪优秀海报评选活动

以"公共礼仪文明你我"为主题，每人绘制一张海报，拍照上传至班级群，全班同学参与投票，选出十份优秀作品，张贴在学校宣传栏进行展示（可使用"班级小管家"等小程序收集图片并投票）。

2. 创意标识设计

假如你是奥运会志愿者，请为运动员使用的体育馆、运动场、游泳馆、健身房等场所设计礼仪标识和文明提示语。每人至少一条，上传班级群展示，全班共同评分。

3.《文明旅行》主题演讲

结合自己的旅行见闻，以《文明旅行》为题做主题演讲，展现自己对旅游礼仪（包括文明礼貌、遵守规定、尊重当地风俗等）的认识。要求课下自行录制视频，上传至班级群展示，全班共同评分。

项目四　开启行稳致远的职业生涯——职业礼仪

项目导语

如何在庞大的就业大军中脱颖而出，赢得心仪的就业岗位，是每一个年轻人无可回避的问题。求职是综合素质的比拼，而职业礼仪素养正是综合素质的重要组成部分。职业礼仪是指人们在职业场所中应当遵循的一系列礼仪规范。良好的礼仪素养是现代职场人必备的素质，对于提升个人职场形象具有重要作用，有利于构建和谐融洽的人际关系，从而形成团结、高效的团队氛围，使工作顺利有序开展，提高组织竞争力。从面试到日常办公，再到与客户的交往，许多细节都需要用职场礼仪和惯例加以规范。

项目构成

任务一：敲开职场大门（求职面试礼仪）
任务二：遵从职场规则（职场办公礼仪）

项目目标

知识目标

了解求职面试、日常办公过程中的礼仪规范。

技能目标

能够在面试前做好充分准备，准备好相关资料，掌握从候场到离场的面试礼仪细节，给主考官留下良好印象。

能够在职场办公环境中保持礼貌得体的礼仪风度，掌握汇报工作、日常交往礼仪，营造互相尊重、和谐友好的办公氛围。

素养目标

提高礼仪素养，塑造知书达理、自信优雅的职场形象。

任务一 敲开职场大门（求职面试礼仪）

面试是求职应聘过程中的关键一环。面试是其他求职形式永远无法代替的，因为在人与人的信息交流形式中，面谈是最有成效的。通过面试，招聘方对应聘者的形象、谈吐、知识、能力、修养等方面进行综合评估，最终确定岗位最佳候选人。有些毕业生接到面试通知后不知所措，准备不足，面试表现欠佳，最终与心仪的工作擦肩而过。掌握面试基本礼仪和技巧，可以达到事半功倍的效果，提高面试成功率。

任务情景

2024年世界青年羽毛球锦标赛在南昌举办，这是自2000年以来世界青年羽毛球锦标赛又一次在中国举办。听闻这个好消息，羽毛球爱好者小文和小丽决定参加赛事志愿者的选拔。她们同时进入面试环节，被通知第二天参加小组面试。小文提前十五分钟到达考点，在候考室整理好仪容仪表，调整好心态，准时进入考场。一番对答后，小文起身向主考官致谢道别，挺胸抬头稳步走出考场。小丽路遇堵车，紧赶慢赶终于卡点到达考点，气喘吁吁走进考场，因为紧张，没有跟考官打招呼便坐了下来。经过简短的几句问答，主考官便宣布面试结束。小丽意识到自己表现欠佳，沉浸在失落情绪中，没有与主考官告别便垂头丧气走了出去。

明确任务

任务情景中，显然在进入、离开考场的礼仪方面，小文的表现比小丽好，如果你是毕业生，怎样做才能像小文一样从容应对面试挑战呢？

> 求职面试包括哪些阶段？每个阶段又都有哪些礼仪规范？
>
> **敲黑板**

知识讲解

不管是初涉职场的应届毕业生，还是已经具有多年职场经验的人士，在面试前都要做好充分的准备，这样有助于展示自己认真的态度和高度重视的品质，给主考官留下良好的第一印象。一般来讲求职面试礼仪包括面试前准备礼仪、面试中礼仪以及面试结束礼仪。

知识点一　面试前准备礼仪

知识拓展：
面试的心理准备

面试能否成功，往往在面试开始前就已经可以预见。机会总是留给有准备的人，做好面试前的各项准备，可以大大提高面试通过率。任务情景中小丽没有预留出充足的时间，险些迟到，致使后续面试过程中不在状态，而小文显然比小丽准备更加充分，因而可以气定神闲地等待面试。作为应聘者在面试前应该做到以下几个方面。

1. 确认时间和地点

认真阅读面试通知，确认面试时间、地点及交通路线，选择最便捷稳妥的交通方式，至少提前15分钟到达面试地点。缺乏时间观念是职场大忌，应尽量避免。

2. 熟悉单位和岗位信息

"知己知彼，百战不殆。"我们投递简历时，可能针对性不强，属于广泛撒网。但当接到某一家用人单位的面试通知后，就要有针对性地研究该单位的相关资料，包括该单位的发展历史、企业（行业）文化、近远期规划、组织结构、薪酬福利、试用期制度等，以便争取面试主动权。对于要应聘的岗位，更要有清晰的认识，包括任职要求、工作内容、从属部门、晋升路径等。

3. 带齐文具资料

带齐所有面试通知中所要求的必要证书、资料的原件和复印件，如果主考官提出查看原件而应聘者没有带，可能导致求职失败。准备一个大方典雅的公文包，将所有应聘材料平整、有序地放入其中，给人留下专业、有条理的好印象。公文包中准备的文具与资料如下图所示。

● 公文包中准备的文具与资料

4. 打造面试形象

当你敲开面试大门以后，主考官第一眼看到的就是你的仪容打扮、举手投足。整洁得体的仪容仪表，能够给人以端庄、稳重、大方的印象，既能体现自尊自爱，又能表示对他人的尊重和礼貌。

> **即时讨论**
>
> 通常说不能以貌取人，那么在面试时外表到底重不重要呢？

面试形象如下图所示。

头发：干净、自然，颜色和发型不可太"标新立异"。女士留长发，一般需扎起来或盘于脑后

面部：保持面部润泽光洁，口腔无异味。男士一般不留胡须，注意修剪鼻毛。女士可画淡妆，展现秀丽、干练的职业形象

首饰：饰品不宜过多，起到画龙点睛的作用即可，也可以不佩戴。指甲不宜过长，修剪干净，不做美甲

衣着：服饰应合体、整洁、大方。男女皆以套装为宜，色彩低调素雅，面料挺括、有质感。也可根据正式员工的日常着装风格选择面试穿搭

鞋袜：职业套装需搭配皮鞋。选择舒适、合脚的皮鞋，出门前擦拭干净。鞋底声音不宜过响，新鞋记得移除标签。男士黑皮鞋配黑色袜子，女士丝袜以肤色为宜

● 面试形象

着装示范如下图所示。

● 着装示范

即时演练

我的面试服饰设计方案（女生）
（请在合适的服饰上划勾）

上衣：连衣裙、T恤、浅色衬衣、紧身衣、西服上衣
下衣：运动裤、西裤、花裙子、一步裙、健美裤
鞋子：高跟鞋、平跟皮鞋、运动鞋、布鞋
包：公文包、手提布袋、双肩背包、斜挎小包、手提皮包

5. 做好心理建设

面试前要给自己积极的心理暗示，停止否定自己，避免打退堂鼓。如果紧张，可以做深呼吸，或少量饮水，以自信饱满的精神状态面对考官。

知识点二　面试中礼仪

任务情景中小文从容大方的表现与小丽慌张局促的表现形成了鲜明对比，会给主考官留下截然不同的印象。

从你踏入单位大门的一刻起，招聘方对你的观察、评估就已经开始了。在面谈中，主考官对应聘者的了解，除了语言交流，还来自应聘者的气质、形象、肢体语言、双方眼神交流等，所以应聘者在面试时不仅要注意自己的言谈举止，而且还要注意各种细节，避免出现下意识的小动作和不良姿态。你的一言一行都可能决定主考官的最终抉择。

面试流程可细分为七个步骤：候场—敲门—进场—问好—就座—应答—离场。

1. 候场礼仪

提前进入面试等待区，将手机调至静音模式，安静候场。尊重接待人员，礼貌而简单地与人打招呼，但不宜随意攀谈。整理好仪容仪表，熟悉面试要求和面试材料，凝神静气准备面试。候场礼仪示范如右图所示。

● 候场礼仪示范

> **即时讨论**
>
> 假如你的前一个应聘者出来后表示主考官的提问非常刁钻，你瞬间紧张起来，该怎样使自己快速恢复平静？

● 敲门礼仪示范

2. 敲门礼仪

敲门声音应适中，三下为宜，不可拍门、锤门，如右图所示。

> **即时讨论**
>
> **面试时需不需要敲门？**
>
> 提示：如果是有接待人员带领直接进入考场，就不需要敲门。而考场的门如果是关着的，也大多由接待人员来敲门，我们只要跟着接待人员进入即可。但如果接待人员没有将我们领进考场，只领到考场外，就需要我们自己敲门。敲门时要注意力度适中，敲门声不可过重（感觉粗暴没礼貌），也不可过轻（声小可能听不见）。待主考官回应"请进"后，再推门进入考场。

3. 进场礼仪

1）关门时尽量避免整个背部正对主考官，轻轻侧转身约45度关门即可，然后，缓慢转身面对考官。

2）落落大方，稳步走到座位旁边。走路时挺胸抬头，两肩放平，双臂自然摆动。

3）切忌身体大幅度晃动、眼神四处乱瞟或边走边问好，会让人感觉自己慌张或随意。

● 进场礼仪示范

4. 问好礼仪

走到座位旁，向主考官问好，自然微笑，上身前倾30度鞠躬。

即时演练

请3—5名学生现场演示进场和问好的动作，其他同学指出优点和不足。

● 问好礼仪示范

5. 就座礼仪

进入考场后不要自己主动坐下，当主考官示意你坐下时，要微微欠身点头表示感谢。入座要轻缓，坐、起都不要弄响座椅。落座之后，坐姿端正，腰部挺起，臀部占座椅面的2/3。两肩放松，双手放于桌面上，不要紧握手掌或搓揉手指。双膝并拢或稍稍分开，双脚平齐，不要抖腿、交叉腿、跷二郎腿。

● 就座礼仪示范

即时演练

两人一组，练习规范的坐姿。

6. 应答礼仪

当主考官提问或讲话时，应专注倾听，捕捉重要信息，领会问题真正意图。答题时音量适中、语速平缓、逻辑清晰、自信诚恳、谨慎灵活。注意控制口头禅，不要做转笔、摸头发等多余动作。与主考官保持目光接触，不要左顾右盼。

● 应答礼仪示范

7. 离场礼仪

主考官示意面试结束后，应微笑起立，礼貌告别，将椅子归复原位，带好随身物品，自信走出，关门离开。

● 离场礼仪示范

即时讨论

面试结束时该如何选择离场方式？

知识点三　面试结束礼仪

微课视频：
面试的流程

任务情景中小丽还没有走出考场便唉声叹气，会令主考官感觉此人不够沉稳且缺乏自信。面试结束时要特别注意如下礼仪：

1）面试接近尾声，无论结果如何，都要保持礼貌、镇定、温文尔雅，保持前后一致的良好形象。不要在谈话结束前表现出浮躁不安、急欲离去的样子，否则会让主考官怀疑你缺乏诚意或耐心。

2）如果当场被录取，得到梦寐以求的工作，不要马上欢呼雀跃，忘乎所以，而要首先对主考官表示感谢，然后表示一下自己做好工作的决心。

知识拓展：
职场穿搭禁忌

3）如果只是得到一个模棱两可的答复，如"这样吧，×××先生／小姐，我们还要进一步考虑你和其他候选人的情况，如果有进一步的消息，我们会及时通知你的"，则应该对主考官抽出宝贵时间来与自己见面表示感谢，并且表示自己仍然期待得到该单位的工作机会。这样既保持了与相关单位主管的良好关系，又表现出自己宽容平和的心态。当用人单位最后考虑人选时，能增加自己的分数。因为许多大型企事业单位经常是经过两三轮面试之后才最后确定人选的。

4）面试结束后，要对此次面试的过程和应答进行认真的复盘分析，为下一次面试积累经验。

任务实施

假如你是世界羽毛球锦标赛赛事志愿者选拔的主考官，结合下表，给小文和小丽的面试表现打分。

评估项目	评估标准	小文得分	小丽得分
仪表仪态（5分）	着装得体，仪表整洁，态度自信，举止大方		
语言表达（5分）	语言表达清晰、准确，逻辑性强，无语病		
求职态度（5分）	态度积极，愿意为赛事贡献力量		

划重点

求职的关键在面试，做好充分的面试准备、面试过程中充分展现出个人能力和自信，面试结束做好收尾和总结工作，这样才可能敲开职场的大门。面试礼仪的知识要点如下：

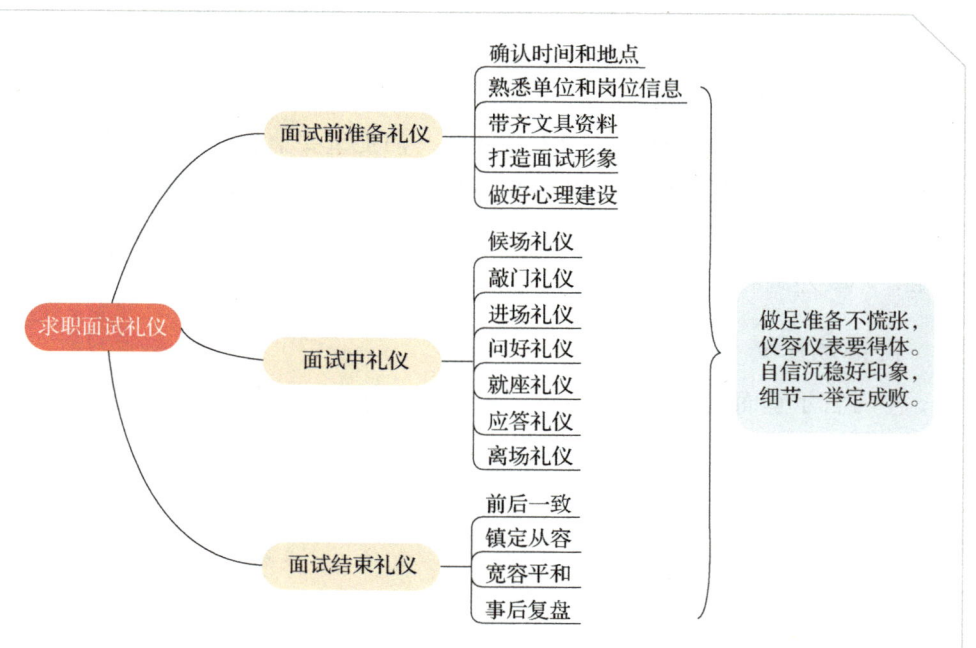

任务练习与思考

面试穿搭走秀比赛

假设某大型跨国公司招聘销售助理，邀请大家前去面试。请每人准备一套面试服装，配合相应的发型、妆容、饰品等，课上模仿"T台走秀"，分两组进行比赛，上半场男生上台，女生台下打分，下半场轮换。

问卷星评分表示例如下图所示。

● 问卷星评分表示例

知识拓展：
面试中的低级错误

任务二 遵从职场规则（职场办公礼仪）

过五关斩六将获得的工作机会，自然应加倍珍惜。职场生活至少占据每天三分之一的时间，我们与同事朝夕相处，一举一动不仅关乎个人形象，而且可能影响整个单位的声誉，因此掌握职场办公礼仪格外重要，是每个职场人的必修课。

任务情景

李明入职第一天，表现得格外热情。趁着工作不忙，他抓紧时间与"左邻右舍"闲聊"八卦"，给大家端茶倒水，抢着帮大家复印材料、取快递，很快便与老员工热络起来。上班第一天领取物资较多，李明随意将所有物品都堆放在了办公桌上。听到有同事喊经理"老钱"，李明也便照此称呼。距离下班还有半小时，看到大家都在收拾东西准备回家，李明便打电话约朋友下班后一起看电影。正当李明为自己迅速"入乡随俗"洋洋自得时，经理却把他叫到办公室批评了一顿。

明确任务

李明哪里做得不对？如果你是李明，应该怎样做呢？

职场办公需要注意哪些方面？向领导汇报工作时，与同事日常相处时需遵循哪些礼仪规范？

敲黑板

知识讲解

职场办公礼仪涵盖面较广，待人接物、迎来送往、汇报工作、日常相处等都有各种各样的礼仪规范，我们要处处留心、时时在意，谨慎处理好每个细节，才能在职场生活中如鱼得水，实现从职场新人到职场达人的跨越。

知识点一　办公室礼仪

办公室是单位处理业务的场所，是职场生活中最基本最常用的活动空间。称呼、拜访、接打电话等都有相应的礼仪要求。任务情景中李明初入职场，在没有跟经理很熟络的情况下贸然跟着大家一起称经理为"老钱"，是不合适的，非常唐突，这便是由于不懂得称呼的礼仪所致。下面我们一起学习办公室情景中几种常见的礼仪规范。

1. 称呼礼仪

称呼指的是人们在日常交往应酬之中，所采用的彼此之间的称谓语。称呼虽小，却能够直接体现个人教养以及双方关系，因此在职场交际中，应选择恰当、得体的称呼，在尊重、友好的原则下，拉近彼此的距离。面对不同人时应使用的称呼见下表。

场合	称呼	举例	分析
称呼上级	称职务	如经理、主任、处长	一般用于称呼自己的直属领导
	称姓+职务	如周校长、谢书记	"名+职务"比"姓+职务"更显亲近，但初次见面还是"姓+职务"更庄重严肃
	称名+职务	如晓月部长、海峰主席	
	称"领导"同义词	如老大、头儿	既凸显领导地位，表现对领导的认可和信任，又显得更加亲近，情谊深厚。也有人会称上司"老+姓"，但仅限于亲密的上下级关系，一般不建议此种称呼法
称呼下级	称全名	如严宇、陈莉	三个字及以上的姓名，仅称名比称全名显得更亲切
	称名	如思扬、启刚	
	老+姓、小+姓	如老李、小张	"老×"并不一定真的年老，"小×"也未必特别年轻，只是根据双方年龄差距而定。有时双方年纪相仿也互称"老×"，以表示相识时间长、交情老
称呼平级	姓+职务	如杜老师、孙医生	用于与特定职业人员沟通的场合
	老+姓、小+姓	如老李、小张	用于亲密的平级关系
	仅称名	如志远、梦瑶	
	姓+哥/姐	如王哥、赵姐	如果彼此之间年纪相差不大，或者看不出年龄差，就擅自称"哥""姐"，可能引起对方反感
	名+哥/姐	如强哥、雨菲姐	
	昵称或修饰语	如小鱼儿，亲爱的	"亲爱的"这样的称呼，并不是每个人都受用的，有些人会比较排斥，应根据实际关系谨慎使用
称呼外部人员	姓/名+职务、职称或学位	如李部长、小波教授、松林博士	用于正式场合对对方的称呼
	姓+先生/女士	如欧阳先生、唐女士	用于初次打交道，不了解对方具体职务、职位时
	在姓后加一个"老"	如袁老、钟老	用于称呼德高望重的长者
同时称呼多人	不必一一指名道姓，可用合称	如同志们、各位领导	用于党支部会议、工作汇报等场合，吸引与会人员的注意力

在正式场合，开始谈话前必须先称呼对方，否则是非常失礼的。称呼"就高不就低"，如果领导为副职，没必要把"副"强调出来，例如马副主任，直接称为"马主任"即可；如果对方是总经理，不要图方便把"总"省略，而降格为经理，称"姓+总"较好。进到新单位，要多听多看，观察别人是怎么称呼的，没有把握时先按常规称呼，熟悉之后再跟着大家叫。

> **即时讨论**
>
> 假如你多年的老朋友受到提拔，成了你的上司，称呼要不要有所改变？
>
> 提示：多年好友，平时可能常常互称名字或"老×"，但无论私下关系多么亲近，在工作场合，当二人职场关系由平级转变为上下级时，称呼也应随之改变，尤其有他人在场时，领导需要得到足够的尊重，所以称呼对方职务或职称为宜。

2. 拜访礼仪

职场交往中，经常要进行单位与单位之间、部门与部门之间、公司与客户之间的商务性拜访，礼貌地迎送和拜访代表一个单位的形象，同时也能看出每位员工的素质、层次和水平。商务性拜访是一种较为正式的拜访形式，要遵循下图的流程。

1）提前预约	为保证拜访顺利进行，通常建议提前一周预约，重要的拜访可以提前半个月，为双方预留充足的准备时间。商务性拜访的具体时段一般在上午9点到11点，下午2点到4点30分。另行约定的时间，如约进行
2）准时赴约	约定好的时间、地点不宜轻易变更，否则可能打乱客户日程安排，招致对方反感。如果确实因特殊原因不能按时赴约，一定要及时联络对方，重新预约时间，以免耽误对方的工作。如果对方迟到，要充分利用等待的时间，例如整理一下文件等。 应准时到达，不要迟到也不要太早到，提前到达会打乱对方原有的计划，建议提前的时间不要超过5分钟
3）耐心等待	当你到达时，告知前台或助理你的名字和约见的时间，递上你的名片以便助理能通知对方。等待时保持安静，不要通过谈话来消磨时间，这样会打扰别人工作。不要显得焦急不安或者乱翻乱看。如果超过预约时间15分钟，则可礼貌询问拜访对象什么时候有时间。如果等不及，可以向助理解释原因并另约时间
4）礼貌交谈	如果是第一次见面应作自我介绍，如果已经认识了，只需互相问候并握手。 提前准备谈话内容，礼貌寒暄之后尽快切入正题，言简意赅、清楚直接地阐明观点。对方发言时认真倾听，不要随意打断。如果有其他意见，可以在对方讲完之后再补充
5）适时告辞	在交谈过程中要留意对方的表现，如对方表现出焦虑、看时间、心不在焉时，应当及时结束话题，感谢对方抽出宝贵时间会面，礼貌告辞。会谈完毕亦要留心小节，例如把椅子推回原位等，给对方留下有教养的好印象。 拜访结束后，要及时向自己的单位汇报相关情况

● 拜访的流程

3. 办公桌礼仪

任务情景中，李明随意将所有物品都堆放在办公桌上，显得凌乱不堪，让人感觉桌子的主人缺乏条理，不可靠。办公室内没有私人领地，虽然办公桌归属个人使用，但仍然是公共空间的一部分，因此，保持办公桌干净整洁是基本的礼貌，也是维护良好办公室文化的组成部分，不可忽视。此外，办公桌可以体现个人风格，领导只要向你的办公桌看一眼，便会对你的个性了解十之八九，那些所谓的"越乱工作越认真"的说法只是玩笑而已。与工作无关的物品，尽量不要摆到桌面上。

● 维持办公桌干净整洁

即时演练

整理我的办公桌（请从下列物品中挑选几样摆放在办公桌上）。

计算机		文件袋	记事本	言情小说
		小零食	化妆品	文玩核桃
		便笺纸	签字笔	小盆绿植

4. 接打电话礼仪

电话是一种常见的通信、交往工具，打电话的礼仪也是公共关系礼仪的重要内容。

（1）接电话的礼仪　电话铃一响，应尽快去接，最好不要让铃声响过三遍。拿起电话应先自报家门，如"您好，这里是××公司××部"；询问时应注意在适当的时候，根据对方的反应再委婉询问。一定不能用很生硬的口气说"他不在""打错了""没这人""不知道"等语言。电话用语应文明、礼貌，态度应热情、谦和、诚恳，语调应平和，音量要适中。

接电话时，对对方的谈话可做必要的重复，重要的内容应简明扼要地记录下来，如时间、地点、联系事宜、需解决的问题等。

电话交谈完毕时，应尽量让对方结束对话，若确需自己来结束，应解释、致歉。通话完毕后，应等对方放下话筒后，再轻轻地放下电话，以示尊重。

（2）打电话的礼仪　为避免失礼，打电话时，要考虑"什么时间打？""怎样开头？""注意什么？""怎样结束？"四个问题，如下图所示。

1）什么时间打？	一般的公务电话最好避开临近下班的时间，因为这时打电话，对方往往急于下班，很可能得不到满意的答复。公务电话应尽量打到对方单位，若确有必要打私人电话，应注意避开吃饭或睡觉时间
2）怎样开头？	首先自报家门，通报自己的姓名、身份。必要时，应询问对方是否方便，在对方方便的情况下再开始交谈
3）注意什么？	电话用语应文明、礼貌，电话内容要简明、扼要
4）怎样结束？	通话完毕时应道"再见"，然后轻轻放下电话

● 打电话的礼仪

即时演练

请两名同学模拟接打电话，预约商务洽谈时间和地点。

5. 手机使用礼仪

手机是现代人必备之物，但在日常交往中如使用不当，可能会给自己或别人带来不良影响或招致麻烦。手机使用时，应注意下图所示的礼仪。

1）放置到位	按照惯例，外出之际随身携带的最佳位置一是公文包里，二是上衣口袋内。最好不要别在腰带上
2）遵守公德	在公共场所活动时应使手机处于静音或振动状态。需要与他人通话时，应寻找无人之处，切勿当众自说自话。在工作岗位上也应注意不使自己的手机有碍于工作、有碍于他人
3）保持畅通	告诉交往对象手机号码时务必准确无误，看到未接电话后应及时与之联络；拨打他人的手机而无人接听时，亦应保持耐心，一般应当等候对方十分钟左右，在此期间不宜再同其他人联络，以防电话占线。暂时不方便使用手机时，可在语音信箱上留言，说明原因
4）重视私密	不要把所有重要客户的信息全部存放在自己的手机之中，如属必要，应尽量以代号代替姓名，更不能不负责任地将别人的手机号码转告他人或对外界公开
5）注意安全	如驾驶车辆、乘坐客机，或在加油站及医院里停留期间要遵守相关规定

● 手机使用礼仪

知识拓展：
微信使用的礼仪

知识点二　汇报工作礼仪

汇报，包括向上级汇报进展、反映情况、答复上级询问等内容。及时、主动汇报工作，能够使上级了解工作进展，掌握工作细节，方便进一步决策和判断。为了保证工作有序推进，层级之间保持信息透明、同步，是非常重要的。汇报工作时有五方面礼仪需要注意，如下图所示。

提前预约　　清晰报告　　掌握分寸　　控制时长　　倾听反馈

● 汇报工作的礼仪

1. 提前预约

领导每天要处理大量事务，时间宝贵，应提前与上级约定汇报工作时间，以便领导预留充足时间听取报告并予以恰当反馈。按时赴约，如果领导还在忙其他事，请耐心等待。

2. 清晰报告

汇报前做好充分准备，项目的数据、程序、细节都要确认无误并了然于胸，应带着方案去找领导而不是将问题全部丢给领导，避免出现一问三不知的情况。

汇报时应说明工作进展情况、主要经验做法、取得的效果等，明确目前存在的问题，需要获得哪些帮助和支持及下一步工作设想等。各方面逐一加以叙述，语言精练，条理清楚，表述准确，吐字清晰，音量、语速适中。要突出重点，点面结合，用数据和事实说话，客观公正，增强可信度。实事求是，认真负责，不回避问题，切勿歪曲或隐瞒事实真相。

3. 掌握分寸

不可越级言事，工作一般逐层汇报，不宜跨过直属上级向上反馈，这会让直属上级感觉下级不信任他。汇报工作时注意语气，尤其在报告负面事件时，要照顾上级的情绪，不要一味自说自话。

4. 控制时长

建议汇报前列出清晰的大纲和时间节点，并对汇报要点进行演练，估算所需时长，在实际汇报中注意把握时间，言简意赅，避免拖沓冗长。

5. 倾听反馈

汇报完毕后认真听取领导的反馈意见，改进工作中的不足。

知识链接

汇报工作常用模型

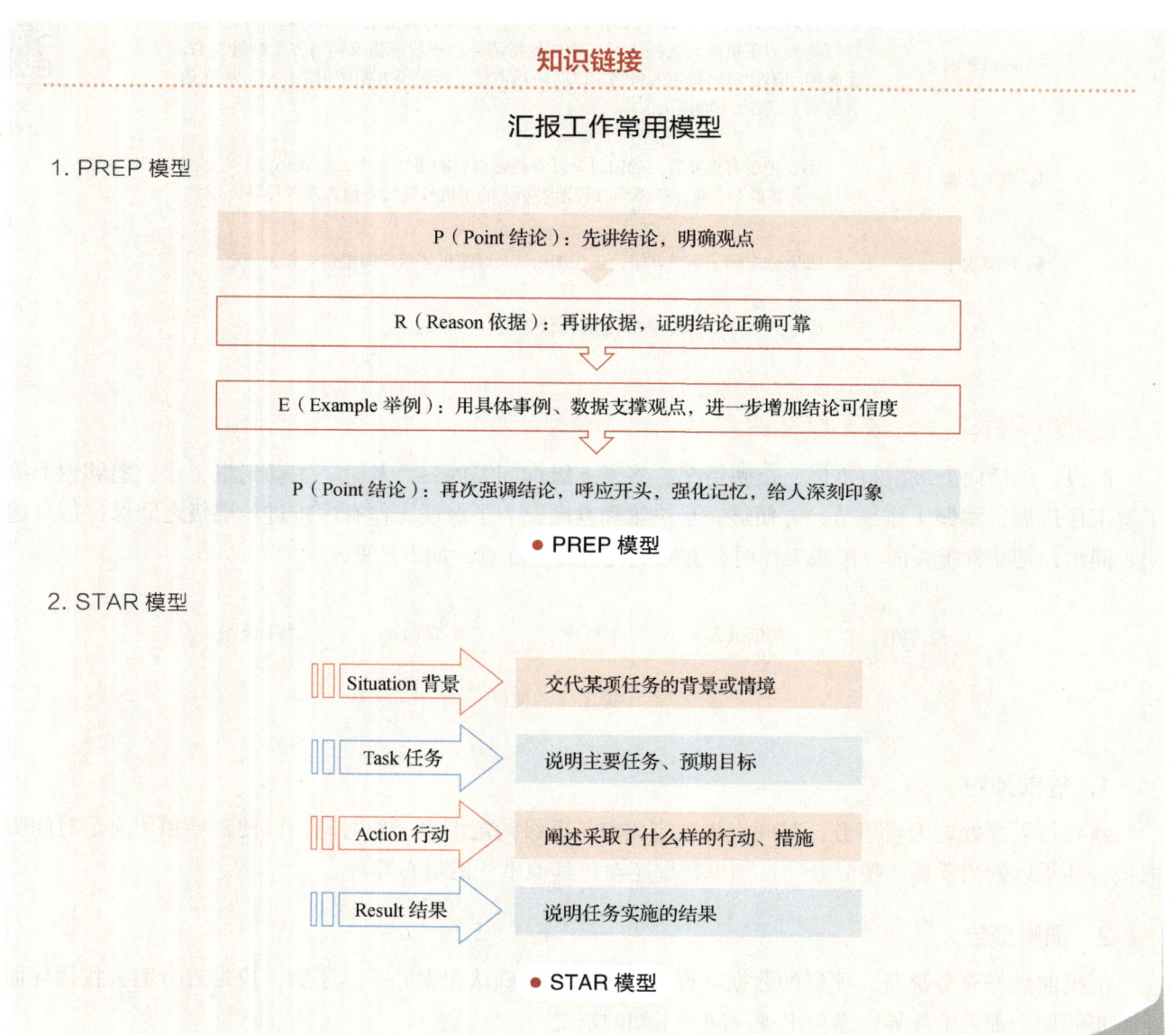

● PREP 模型

● STAR 模型

3. 5W2H 模型

Why 起因	为什么会发生这个事情
What 内容	发生了什么事情
When 时间	什么时间发生的
Where 地点	在什么地方发生的
Who 人物	事件涉及的相关人物
How 方法	事情是如何解决的
How much 成本	付出了多少费用、代价

● 5W2H 模型

知识点三 日常相处礼仪

和谐向上的办公室氛围离不开每个人的努力，同事间日常相处，应注意仪容仪表、言谈话语、举止行为、待人接物等多方面礼仪，以免给大家带来困扰，影响团结。任务情景中李明在工作时间与同事闲聊、传八卦、打私人电话，还忙着做一些端茶倒水、取快递等与工作无关的事情，这些都不是与同事正确的相处之道。想维护长久友善的同事关系，还应按规矩章法慢慢来。

1. 注意仪容仪表

办公环境下，个人仪容仪表应遵循整洁、端庄、大方、保守的原则，宜着正装或商务便装。除非是特殊的文化创意公司，否则不建议过于追求新潮而着奇装异服上班，妆容打扮也不宜过于夸张。保险起见，办公室最好备一套西服套装，方便随时出席正式场合或接待来宾。

2. 时刻谨言慎行

言谈举止应礼貌持重、落落大方，切忌语言粗俗、制造噪声。不谈论与工作无关的话题，尤其不要传播小道消息、搬弄是非或是议论薪资待遇、人事纠纷等敏感话题。不要把个人事务带到办公室里来，如织毛衣等。不在办公室吃气味重的食物。与异性同事相处要注意分寸，避免出现越界言行。

3. 把握交往尺度

与人为善，尊重同事，但不必逢人便推心置腹，不要把办公室当作倾诉心事的地方。平时注意留心观察，从同事中找到志趣相投、三观一致的朋友，与之建立友谊，拓展自己的社交圈，获得更多支持和点拨，同时要注意避免拉帮结派，搞特殊化。

亲兄弟，明算账。同事之间可能有相互借钱、借物或馈赠礼品等物质上的往来，最好写个账本记录清楚，礼尚往来，不亏不欠。在物质利益方面无论是有意或者无意占对方的便宜，都会在对方的心理上引起不快，从而降低自己在对方心目中的人格。

4. 谨记谦逊低调

高调做事，低调做人。不可太过张扬，更不宜炫耀卖弄自己的学识、技术、能力、财富、背景等，"天外有天，人外有人"，要始终保持学习的态度，向周围同事请教，这样才能不断进步。如果你是老板眼中的红人，就更要谦虚低调，以免招致嫉妒而给自己的前程埋下隐患。

5. 保持乐观豁达

不要做团队中"扫兴"的人，不说丧气话、牢骚话，多发表积极言论，鼓舞士气。遇到麻烦迎难而上，主动解决问题，给领导和同事留下敢担当、有能力的好印象。如果同事得到奖励或升迁，应真诚表示祝贺。如果同事工作失误给集体造成损失，也不应苛责对方，而应主动伸出援手帮助同事降低失误带来的不良影响，给予鼓励，让同事感受到集体的温暖和支持，以便今后以更好的态度投入工作。如果自身出现工作失误，应主动向大家道歉，征得谅解。对同事要包容、大度，不要因一点小事耿耿于怀，同事之间若产生误会，应及时解释清楚。

思考探究

假如你新到一个单位，请列举哪几类同事是不可深交的，为什么？

___

___

___

> **提示**
> 1）交浅言深者不可深交。
> 2）搬弄是非的"饶舌者"不可深交。
> 3）顺手牵羊爱占小便宜者不宜深交。

任务实施

李明与同事共同负责市场营销活动，准备向领导汇报市场营销活动的进展。为了给领导留下好印象，李明准备使用下表的 STAR 框架开展工作汇报。

STAR 框架	语言描述	适用范围
情境 （Situation）	☐ 负责_____的市场营销活动	
任务 （Task）	☐ 提高品牌知名度，增加销售额	
行动 （Action）	☐ 进行市场调研，了解目标客户与竞争对手的策略 ☐ 制订营销计划，如短视频推广、活动策划、在线广告 ☐ 与合作伙伴共同推广 ☐ 参加行业会议与展览，与客户面对面交流	• 总结已经完成的事情 • 汇报工作进度与阐述行动意义
结果 （Result）	☐ 社交媒体关注度与客户活跃度增加 ☐ 营业额增长 10% ☐ 获得新客户与新的销售渠道	

细化市场营销活动中的产品与细节,指定汇报方式为 STAR 框架,将上述内容输入 DeepSeek,DeepSeek 将帮我们理出清晰的汇报思路。帮助李明完成市场营销活动的进展汇报。

划重点

职场无小事,要始终以如履薄冰的审慎态度对待职场生活,重视细节,明德知礼,方能在职场立稳脚跟,赢得尊重。职场办公礼仪的知识要点如下:

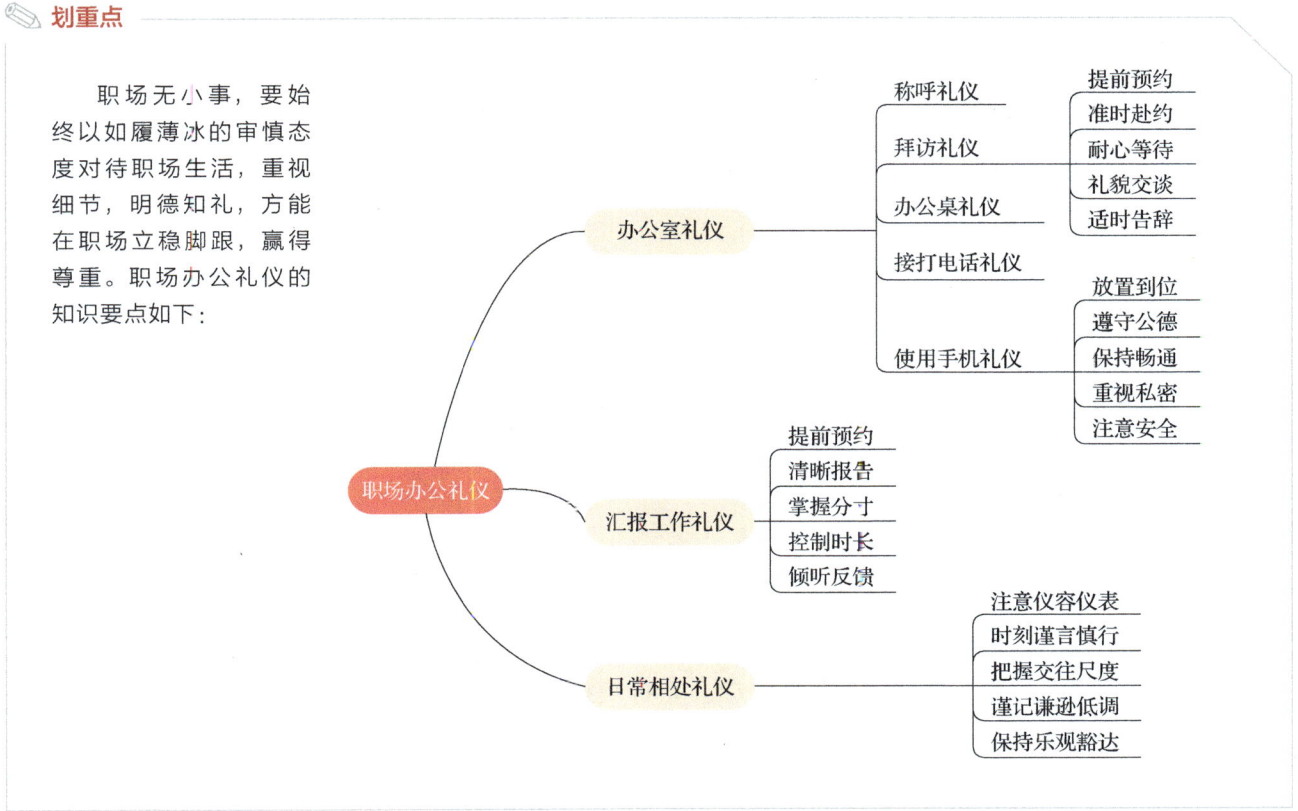

任务练习与思考

帮小美找原因

小美新近应聘成功,在一家房地产经纪公司任文秘,第一天上班为了给同事们一个好印象,表现出青春与朝气,她穿上了新买的橙色吊带衫和牛仔七分裤,脚穿"凉拖"。由于业务还不太熟悉无事可做,所以她上午就给同学和家人打了两个电话汇报一下工作情况,下午上了会儿网,一天的时间很快就过去了。没想到的是,第二天她刚到单位,人事主管就通知她试用期提前结束,不用再来上班了,她觉得又委屈又摸不着头脑。你能告诉她原因吗?

试分析小美失去工作的原因,根据此案例思考我们应该怎么做。

02 沟通篇

|项目引导| 好的人生从好的沟通开始——初识沟通

 ### 项目导语

伴随"互联互通""一带一路"理念的实施，我国正在逐步实现海陆空网络互联互通，这样的情况也促进了商业、技术、投资、人文等方面的互联互通，推动经济全球化朝着更加开放、包容、普惠、平衡、共赢的方向发展，对社会发展、经济繁荣、文明互鉴具有深远意义和影响。在这样的时代背景下，现代社会人才的沟通能力被提到一个新高度。因此，沟通成为当代学生必备的关键知识技能，对于参与校园生活、提升自身素养、实现顺利就业、应对职场挑战具有非常重要的作用。

项目构成

任务一：了解沟通知识
任务二：探究沟通意义

 ### 项目目标

知识目标

了解沟通的相关概念、重要性和影响因素。

技能目标

掌握沟通的要素和步骤；
能够根据需要选择和运用不同的沟通类型；
掌握沟通的层次；
掌握有利于有效沟通的个人因素。

素养目标

树立正确的沟通观念，提高对沟通的重视程度，增强主动沟通的意识，尊重彼此的差异。

任务一 了解沟通知识

沟通是一门科学，更是一门艺术。在现代社会中，沟通无所不在，无时不有。沟通是人们分享信息、思想和情感的过程，是人与人之间传递信息、交流情感、建立联系、增进了解的一座桥梁。

任务情景

李红和王蕊是同班同学，两人还是非常要好的朋友，毕业前两人被分到同一家单位实习。实习期间，两人都非常努力上进，并共同完成一项部门促销策划方案。一天，她们所在的部门临时召开会议，就产品的宣传促销征求大家的意见，而当天李红因外出办理业务未能出席会议。会上，部门领导要求与会人员逐一发言，王蕊便将之前与李红合作的促销策划方案做了简要介绍，但并未提及李红的名字，方案得到部门领导高度认可，并当场决定采纳这份方案。随后在第二天的公司大会上，领导对王蕊进行了表扬，并宣布给予 1000 元奖励。李红得知后非常生气，认为王蕊故意隐瞒她的存在，独占二人劳动果实，属于欺诈行为，便在单位的工作群公开指责王蕊，单位员工看到后议论纷纷。王蕊看到以后立即给李红打电话，没沟通几句两人便开始激烈争执，挂断电话后，两人都感觉委屈但又不知如何是好。之后在公司领导和老师的耐心教育和帮助之下，李红和王蕊都能够意识到自己的问题所在，认真反思后又重归于好。

明确任务

李红和王蕊发生矛盾冲突的原因在于两者间缺乏基本的沟通知识，没有采取更为恰当的沟通方法与技巧。同学们在生活中有没有遇到类似的问题？我们应该如何应对与处理呢？

> 应该如何理解沟通的内涵？沟通包含哪些要素？沟通有哪些不同的类型？
>
> **敲黑板**

知识讲解

有些同学把自己不善于沟通的原因归结于先天因素，事实上，沟通并不是一种本能，而是一种能力。良好的沟通能力并不是天生具备的，而是通过不断地学习和实践获得的。为了实现有效沟通，我们首先需要学习并掌握沟通的内涵、要素等知识。

知识点一 沟通的内涵

当李红得知二人共同完成的促销策划方案被领导认为是王蕊的个人成果后，没有主动与王蕊沟通，而是采用在单位的工作群公开指责的方法。而王蕊也没有采用更直接、更有效的沟通方式来化解误会。这是一次不成功的沟通，那么究竟什么是沟通，李红和王蕊又该采取什么样的沟通方式来化解矛盾与误会呢？

在人们的交往过程中，沟通的作用十分重大。有统计结果表明，在一个人成功的因素中，智慧、专业技术和经验仅占 25%，良好的沟通能力则占 75%。

沟通可以定义为人与人之间、人与群体之间思想与感情的传递和反馈的过程，寻求思想的一致和感情的通畅。也就是信息传与收的行为，发送者凭借一定的渠道，将信息传递给接收者，并需要反馈，以达到相互理解的过程。

从本质上说沟通是人与人之间传递信息的过程，是一个人获得他人思想、感情、见解、价值观的一种途径，是人与人之间交往的一座桥梁。通过这座桥梁，人们可以分享彼此的感情和知识，消除彼此的误会，增进相互间的了解。人们可以从以下几个方面理解沟通的内涵。

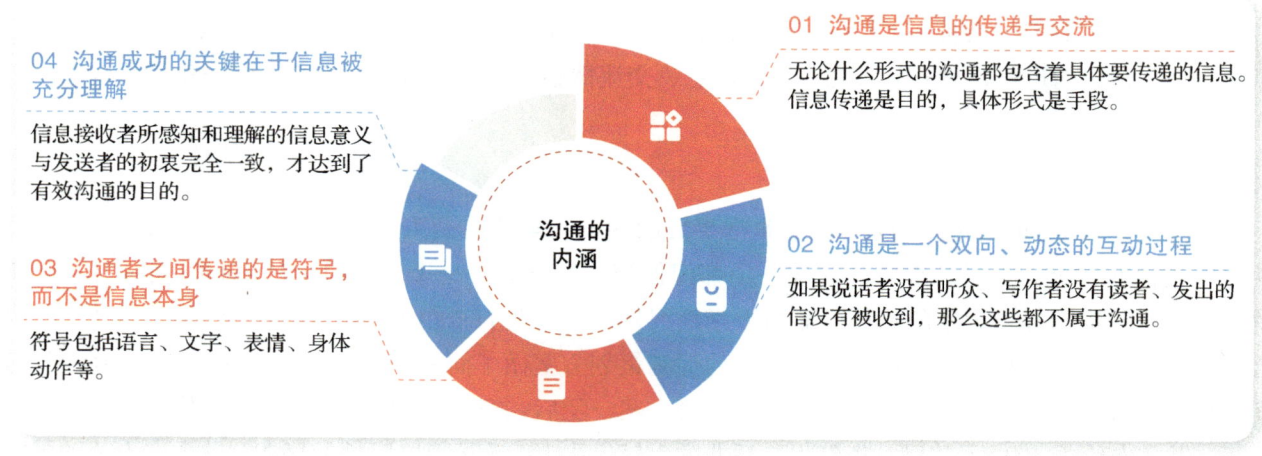

01 沟通是信息的传递与交流
无论什么形式的沟通都包含着具体要传递的信息。信息传递是目的，具体形式是手段。

02 沟通是一个双向、动态的互动过程
如果说话者没有听众、写作者没有读者、发出的信没有被收到，那么这些都不属于沟通。

03 沟通者之间传递的是符号，而不是信息本身
符号包括语言、文字、表情、身体动作等。

04 沟通成功的关键在于信息被充分理解
信息接收者所感知和理解的信息意义与发送者的初衷完全一致，才达到了有效沟通的目的。

● 沟通的内涵

所以说沟通是为了一个设定的目标，让信息、思想和情感在个人或群体间传递，并且达成共同协议的过程。

广角镜

"五通"理论体系相较于"传播""交际""公关"有哪些显著优势？

2013年，习近平主席出访哈萨克斯坦、印度尼西亚，首次提出"一带一路"倡议，旨在传承丝绸之路精神，携手打造开放合作平台，为各国合作发展提供新动力。十余年来，中国始终坚持共商共建共享原则，加强政策沟通、设施联通、贸易畅通、资金融通、民心相通，以高质量共建"一带一路"，带动全球互联互通，收获了丰硕成果：不仅体现在交通运输、贸易往来等领域，更是跨越山海促进了中国与沿线国家的民心相通、文明互鉴。

知识点二　沟通的要素

沟通过程包括九个要素：发送者、接收者、信息、编码、译码、通道、反馈、噪声、背景，如下图所示。

课堂互动：
你说我画

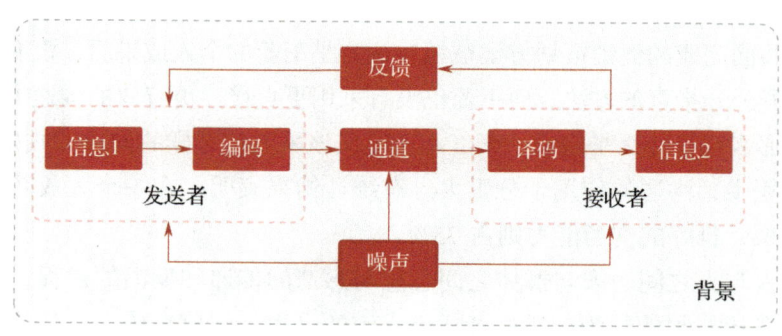

● 沟通的要素

1. 发送者与接收者

发送者和接收者可以是个人，也可以是组织。一方明确沟通目标，发出信息，另一方接收信息，做出反馈。在沟通过程中，双方往往同时承担两种角色，既是发送者，又是接收者。

2. 信息

信息就是沟通过程中传递的具体内容，包括语言和非语言信息两大类，又可以细分为知识类、思想类、情绪类、需要类等。

3. 编码与译码

信息无法像有形物品一样由发送者传递给接收者，而是需要发送者将信息转换成易于传递和理解的符号，再由接收者将符号翻译成自己可以理解的信息。这个过程就是编码和译码，符号可以分为语言和非语言符号两大类。

4. 通道

通道是信息得以传递的媒介载体，如面对面沟通、电话沟通、短信沟通、邮件沟通等。人们需要根据情境和目的选择合适的通道。

5. 反馈

反馈是信息发送者发出信息后，接收者对该信息做出的反应；也是发送者确定信息是否已经被成功接受和理解，并确定信息所产生影响的过程。通过反馈，双方修正自己的后续反应，增进沟通效果，反馈使沟通成为双向的互动过程。

6. 噪声

噪声是对信息沟通产生干扰的一切因素。噪声可以分为外部噪声和内部噪声，内部噪声又可以分为生理噪声和心理噪声。外部噪声来自环境，比如手机铃声、汽车喇叭声、难闻的气味；生理噪声来自身体上一些问题，比如听觉障碍、身体不适；心理噪声包括情绪状态、心理防御、性格特征等。

知识拓展：
沟通障碍的来源

7. 背景

背景是沟通发生时的总体环境，包括物理背景、心理背景、社会背景、文化背景。

即时演练

分享自己印象最深刻的一次沟通失败的经历，从沟通障碍的角度总结经验教训。

知识点三　沟通的类型

任务情景中李红受到情绪影响，没有选择恰当的沟通和解决问题方式，而是通过单位的工作群公开指责，王蕊认为李红的目的是羞辱自己、损害自己名誉，两人没有当面沟通，而是带着情绪进行电话沟通，双方都没能选择合适的沟通方式，造成误会逐渐加深，矛盾不断激化，同学情谊、实习计划都面临着严峻的考验。

根据不同的标准，沟通可以分为不同的类型。沟通类型的划分标准也是纷繁多样。按组织规范程度的不同，沟通可分为正式沟通和非正式沟通；按信息载体的不同，沟通可分为语言沟通和非语言沟通；按是否进行反馈，沟通可分为单向沟通和双向沟通；按信息流动方向，沟通可分为纵向沟通、横向沟通、斜向沟通和跨文化沟通。

正式沟通
正式沟通是指通过正式的组织程序和组织所规定的正式渠道进行的沟通，如组织内的文件传达、定期召开的会议、上下级之间的定期汇报以及组织间的公函来往等

非正式沟通
非正式沟通是指在正式沟通渠道之外进行的信息传递和交流，比如员工之间私下交谈、同事之间非正式的聚会等

● 正式沟通与非正式沟通

语言沟通是指通过语言符号实现的沟通，它又可以细分为口头沟通、书面沟通、网络沟通等

非语言沟通是指通过语言符号以外的各种符号系统实现的沟通，包括肢体动作、面部表情、语音语调、仪表服饰等

● 语言沟通与非语言沟通

单向沟通
单向沟通是指信息发送者和接收者的位置不变，一方只发送信息，另一方只接受信息，不进行反馈

双向沟通
双向沟通是指发送者和接收者的位置不断交换，信息发出后会得到反馈

● 单向沟通与双向沟通

纵向沟通
上下级之间的沟通，包括自上而下的下行沟通和自下而上的上行沟通

横向沟通
组织机构中同一层次人员之间的沟通

斜向沟通
群体内部非同一组织层次上的单位或个人之间的信息沟通，和不同群体的非同一组织层次之间的沟通

跨文化沟通
在语言和文化背景方面有差异的人们之间的沟通

● 纵向沟通、横向沟通、斜向沟通与跨文化沟通

即时讨论

分小组讨论：不同类型的沟通的优点和缺点，填写下表，推举一名组员进行汇报。

	正式沟通	非正式沟通	语言沟通	非语言沟通	单向沟通	双向沟通	纵向沟通	横向沟通	斜向沟通	跨文化沟通
优点										
缺点										

知识拓展：不同类型沟通的优点和缺点

任务实施

李红与王蕊经过沟通后产生了激烈的争吵。非暴力沟通是一种基于同理心的沟通方式，强调通过观察、感受、需要、请求四个步骤，解决人际交往的矛盾。假如你是李红，与王蕊再进行一次非暴力沟通，根据任务情景填写下表。

步骤	目标	语言
观察	□ 客观描述事实，不带评判	● 我发现：
感受	□ 诚实地表达自己的感受	● 我感到抱歉，因为：
需要	□ 明确并直接表达自己的内在需求	● 我需要你公开项目的参与人员，平分奖金
请求	□ 提出清晰、具体的请求	● 请你在一周内公开向领导及同事解释我是项目负责人之一，平分项目奖金

任务练习与思考

宿舍情景剧比赛

以宿舍为单位，拍摄"爱的小屋，爱的延续"主题情景剧并进行评比，要求视频时长5—8分钟。

评分标准：宿舍情景剧

02 沟通篇

任务二 探究沟通意义

沟通是人类社会中不可或缺的一环，在现代社会中，沟通的重要性更加凸显。有些同学在沟通中遇到一些挫折，就将自己封闭起来，减少与他人接触，这对个人健康和社会发展都是非常不利的。为什么要沟通？沟通的效果又受到哪些因素的影响呢？通过学习我们应该充分意识到沟通的重要作用，树立主动沟通的意愿，同时充分利用有利因素，化解不利因素，从而实现更加积极有效的沟通。

任务情景

孔子和众弟子周游列国，曾行至某小国，当时遍地饥荒，有钱也买不到任何食物。不出几日，孔子等又到了邻国，有市集可以买到食物。在众人饿得头昏眼花之际，弟子颜回让众人休息，自告奋勇地忍饥做饭。当大锅饭将熟之际，饭香飘出，这时饿了多日的孔子，虽贵为圣人，也受不了饭香的诱惑，缓步走向厨房，想先弄碗饭来充饥。不料孔子走到厨房门口时，只见颜回掀起锅的盖子，看了一会，便伸手抓起一团饭来，匆匆塞入口中。孔子见到此景，又惊又怒，一向最疼爱的弟子，竟做出这等行径。读圣贤书，所学何事？学到的是——偷吃饭？肚子因为生气也就饱了一半，孔子懊恼地回到大堂，沉着脸生闷气。没多久，颜回双手捧着一碗香腾腾的白饭来孝敬恩师。

孔子气犹未消，正色道：天地容你我存活其间，这饭不应先敬我，而要先拜谢天地才是。颜回说：不，这些饭无法敬天地，我已经吃过了。这下孔子可逮到了机会，板着脸道：你为何未敬天地及恩师，便自行偷吃饭？颜回笑了笑：是这样子的，我刚才掀开锅盖，想看饭煮熟了没有，正巧顶上大梁有老鼠窜过，落下一片不知是尘土还是老鼠屎的东西，正掉在锅里，我怕坏了整锅饭，赶忙一把抓起，又舍不得那团饭粒，就顺手塞进嘴里……

至此孔子方大悟，于是欣然接过颜回的大碗，开始吃饭。

明确任务

沟通在我们的生活、生产中比比皆是。人们通过沟通，可以迅速地传递各种信息，增进配合，最快、最好、最节省效率地达成目标。所以沟通对于现代人来说是一门必修课，是立足社会的法宝。

> 沟通的重要性体现在哪些方面？沟通的效果受到哪些因素的影响？
>
>
> 敲黑板

知识讲解

沟通是一种自然而然的、必需的、无所不在的活动，是工作、学习、生活中不可或缺的一部分。沟通对人们的重要性不言而喻，人们都希望取得良好的沟通效果，但是能否达到预期目的，又受到多重因素的影响，需要我们思考和总结，并在沟通过程中有意识地加以运用。

● 沟通场景

知识点一　沟通的重要性

人与人之间最宝贵的是真诚、信任和尊重，而这一切的桥梁就是沟通。沟通是人类社会中不可或缺的重要活动，它在个人、组织和社会层面都具有重要的作用。通过沟通，获得个人健康和成长，促进组织的发展，推动社会的进步。就连知识渊博的孔圣人也会误解别人。原来不只心想之境未必正确，有时竟连亲眼所见之事，都有可能造成误解，可见沟通的重要。

1. 个人层面

（1）沟通是人们适应环境、适应社会的必要条件　每个环境都有自己的规则和文化，每个人也有自己的个性和价值观。通过沟通，我们才能建立信任，理解并试着接纳这些差异，并且不断地调整自己的行为以适应环境的变化。积极的沟通还有利于掌握沟通技巧、增强自我认知、培养合作精神、提高社会支持，从而提高个体的社会适应能力。

（2）沟通有利于人们的身心健康　人际沟通是人类最基本的社会需要之一，通过沟通，人们建立亲密关系，个体能够得到他人的关心、支持和理解，安全感、归属感等情感需求得到满足，减少孤独感和各种负面情绪。心理健康良好能帮助人们减轻压力、提高免疫力、建立健康的生活方式，从而促进身体的健康。身心健康会带来生活质量和幸福感的提升。

（3）沟通能够激发个人潜能，促进全面发展　一方面，个体通过沟通获得各种信息、知识、经验，拓宽自己的视野和思路，深化对问题的理解；另一方面，沟通促使个体从他人的反馈中更全面地认识自己。个体可以获得他人对自己的评价和观点，更好地了解自己的优势和局限，并有针对性地调整和改进，全方位地提升自己。

课堂互动：
寻找未知的自己

2. 组织层面

沟通在组织中发挥着重要的作用。无论是企业、政府机构还是非营利组织，都需要通过内部和外部的沟通来实现组织的目标。在内部，沟通可以促进团队合作，提高工作效率，通过交流意见和想法，员工能够更好地协调工作，解决问题；在外部，沟通可以帮助组织与客户、合作伙伴建立良好的关系，增强市场竞争力。

3. 社会层面

沟通对于社会的发展和进步具有重要的意义和作用。社会是由各种各样的群体和个体组成的，通过沟通可以促进不同群体之间的交流和理解，推动社会的多元化和包容性发展。同时，沟通还可以传播知识和信息，推动科学研究、文化交流、经济发展等方面的进步。在社会问题和挑战面前，沟通是解决问题和寻求共识的关键，有助于推动社会的改革和发展。

知识点二　沟通的影响因素

每个人都希望进行良好有效的沟通，但是沟通的效果受到多种因素的影响。沟通的因素包括文化因素、环境因素、个人因素等。在任务情景中，孔子与颜回的交往与沟通也是受到一些干扰因素的影响才发生了误会。

知识拓展：
文化对沟通的影响

1. 文化因素

文化因素的影响是因为每个人文化背景的不同而产生的，是交往双方最一般的社会心理背

知识拓展：
家庭环境对人行为的影响

景，由于文化已内化为人的价值观和行为习惯，所以通常人们体会不到文化在人际交往过程中的影响。

2. 环境因素

任何人际沟通都是在一定的环境中进行的，环境因素不同程度地影响着沟通效果。在社会环境中，通过社会交往、观察、模仿，个体学习和吸收到了社会中普遍认可的道德原则和行为规范；在家庭环境中，互动模式和交往方式会影响个人的交往方式塑造、自我表达能力发展、社交技能培养。

3. 个人因素

在沟通过程中，由于诸多个体内在因素的存在和影响，使得信息的沟通和交流的效果受到影响。

（1）外貌　对于外貌吸引力强的人，我们容易产生积极的态度和情绪，促使我们更愿意主动沟通。外貌吸引力还容易产生"美即好"效应。

（2）个体心理特征　个体能力、人格品质对沟通的效果起着举足轻重的作用。人们比较喜欢聪明能干的人，喜欢有积极人格品质的人。

（3）沟通技巧　沟通技巧能够帮助人们更清晰地表达自己的观点和需求、理解别人的想法和愿景，能够有效地避免误会、纠纷以及摩擦的发生，能够帮助人们更好地与他人进行合作。

（4）相似性与互补性　人们如果在某些方面存在一定的相似性，更容易形成密切的关系；当人们意识到自己有某种不足时，会发自内心地羡慕具有这种特点或能力的人，愿意与其接近。

（5）情绪和生理因素　积极情绪能增强一个人的沟通兴趣和能力；消极情绪会造成一个人对信息的理解"失真"。影响沟通的生理因素包括永久性生理缺陷、暂时性的生理不适、年龄因素。

即时演练

即兴演讲：我身边的"社牛"

要求介绍一位让自己佩服的社交能力出众的人，可以是同学、亲友。演讲内容要包括：介绍他的典型事例；分析他社交能力出众的原因。时间限制在3分钟以内。

任务实施

从颜回与孔子的误会中，我们可以发现在观察和判断事物时，需要保持客观和理性，避免因为一时的误解而伤害他人或破坏关系。下图有几种方式可以避免误解的产生，假如你是颜回，请用下图的方式与孔子解开误会。

寻求第三方的调解与意见	澄清和确认信息
01	02

任务练习与思考

扫描二维码，选择辩题，开展班级辩论赛。

任务演练：
辩论题目及流程

|项目一| 应对无处不在的人际交往——沟通技能

项目导语

股神巴菲特在一次接受采访中被提问："您对于刚毕业的大学生，有什么好的建议吗？"巴菲特说："二十几岁的年轻人，最重要的就是投资自己，其中有一个技能，只要你学会了，至少可以让你的价值翻倍，那就是沟通，只有你会沟通了，接下去的路才会更好走……"良好的沟通技能可以增进人与人之间的理解和信任，帮助我们更高效地解决问题，避免误解和冲突，让自己的努力获得事半功倍的效果，让自己的潜能和优势得到最大程度的发挥。

项目构成

任务一：掌握沟通方式
任务二：练就沟通技巧
任务三：化解人际冲突

项目目标

知识目标

了解语言和非语言沟通、有效沟通的常用技巧、人际冲突的类型。

技能目标

掌握口头沟通和网络沟通的原则、常见事务文书的写作方法；
能够合理运用非语言沟通方式；
掌握良好的沟通技巧；
能够有效地减少和化解人际冲突。

素养目标

增强有效沟通的自信心，提升个人魅力和影响力，拥有豁达开朗的心态，培养换位思考的思维方式。

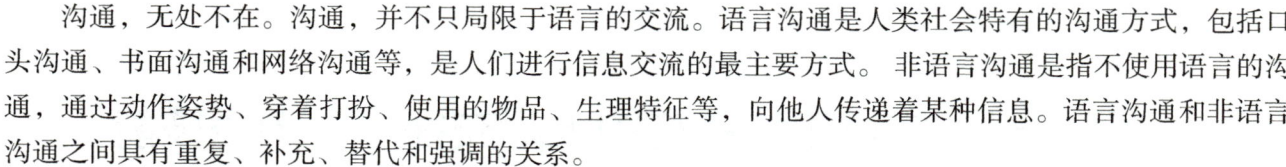

任务一 掌握沟通方式

沟通，无处不在。沟通，并不只局限于语言的交流。语言沟通是人类社会特有的沟通方式，包括口头沟通、书面沟通和网络沟通等，是人们进行信息交流的最主要方式。非语言沟通是指不使用语言的沟通，通过动作姿势、穿着打扮、使用的物品、生理特征等，向他人传递着某种信息。语言沟通和非语言沟通之间具有重复、补充、替代和强调的关系。

任务情景

周末的时候，小文在没有提前打招呼的情况下，去朋友小伟家玩。当小文敲开门时，小伟一脸惊讶地看着他，嘴上说道："你怎么有空来了，真是难得啊。"可手却没有从门把上拿开，根本没有请他进家门的意思。小文没有读懂这一点，大大咧咧地推开门，自己找个地方就坐了下来。小伟没有办法，只能跟着进来，也不坐下，就站着靠在墙上，问小文喝不喝水，但身子却没有挪动的意思。他们就这样有一搭没一搭地聊了起来，小伟一边说话，一边频繁抬头看墙上的钟。如果你是小文，你该怎么办？你能读懂朋友的潜台词吗？

明确任务

任务情景中，主人对不速之客的不欢迎，并没有很直接地表达出来，但主人在整个沟通过程当中的表现，很明显地将自己的真实意图通过身体姿态、表情等"非语言沟通"方式表露了出来。你可以不说话，但只要你出现在他人视线范围内，你就给他人提供了阅读的信息。可见语言沟通与非语言沟通在人际沟通活动中有着极为重要的作用。

> 语言沟通和非语言沟通的形式有哪些？语言沟通的特点是什么？非语言沟通的运用策略有哪些？
>
> **敲黑板**

知识讲解

任何有效的沟通必须把握好沟通方式。我们要根据需要选择恰当的沟通方式，并且熟练使用。在日常生活中，我们往往不止使用某一种沟通方式，而是多种形式结合使用，从而达到更好的沟通效果。

知识点一 语言沟通

语言沟通是人们利用有声的自然语言符号系统，通过口述和听觉来实现的，是日常生活中使用范围最广的沟通形式，包括说话、交谈、演讲、电话联系等。任务情景中主人小伟对不请自来的小文只简单地说了几句话并有一搭没一搭地与小文聊天，这些又反映了语言沟通的什么特性呢？

1. 语言沟通的形式

（1）口头沟通　口头沟通是最灵活、最直接的一种沟通形式，它的优点在于：

1）形式灵活多样，既可以是两人之间的交谈，也可以是群体中的讨论或辩论；既可以是正式的磋商，也可以是非正式的聊天。

能力测试：口头沟通能力测试

2）信息传递速度快，并且能及时反馈，是所有沟通方式中最直接的。口头沟通能观察到信息接收者的反应，确定沟通的效果。

3）有机会补充阐述及举例说明，并且可以用动作、声音等非语言沟通加强效果。

口头沟通的局限性在于：不利于信息的保存和留证；对信息发送者的口头表达能力要求较高；具有时效性，有一过即逝的特点；还存在信息失真的可能。

口头沟通是日常生活中使用频率最高的沟通方式，为了更有效地进行口头沟通，我们需要遵循一些基本原则，如下图所示。

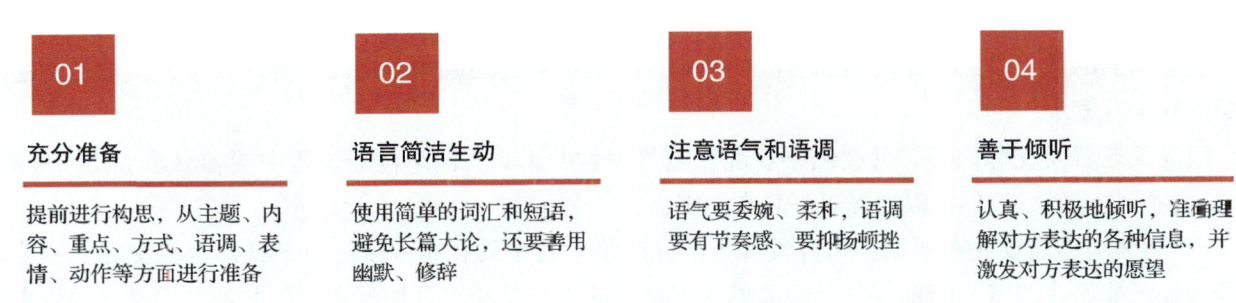

● 口头沟通的基本原则

（2）书面沟通　书面语言沟通是以文字为媒介的信息传递方式，形式主要包括文章、文件、报告、信件、书面合同、电子邮件等。

书面沟通的优点是：可以长期保存，规范性强，内容详尽，传达精准，便于分发。缺点是：需要更多时间精力，缺乏互动性，反馈有限且缓慢，容易引起歧义。

任何形式的书面沟通都要通过一定的文体表现出来，常用的书面文体如下图所示。

● 常用的书面文体

不同的文体有不同的写作要求，规范的格式有助于理解信息，帮助我们有效地沟通。

即时演练

校广播站正在征集"校园风景线"栏目广播稿，内容包含：校园新闻、班级动态、宿舍文化、榜样人物等。根据新闻类文书的写作要求，撰写一份300字左右的广播稿。

（3）网络沟通　网络沟通是指通过基于信息技术的计算机网络来实现的沟通活动。它与传统沟通方式最大的区别就在于沟通媒介的不同。

网络沟通的优点是：不受时间和空间的限制，降低了沟通的成本，提高了沟通效率，实现了沟通的及时性和平等要求。

因为缺乏日常交际语境，并受网络状况影响等因素的影响，网络沟通过程中很容易形成沟通障碍，为了避免这些障碍，我们可以遵循以下几个原则：

1）网络沟通需要礼貌原则。研究发现人们在网络沟通中的礼貌程度远低于日常言语交际。一方面是因为缺乏非语言因素的辅助，二是距离感和安全感使人们的交流更加随意、更敢于夸大自己的真实感情。我们可以有意识地使用口头交际中常用的敬语，并结合使用表情符号、语音、视频等形式，提高礼貌程度。

2）话语流转的相互配合。因为沟通双方不在同一场景，会造成话轮转换不太流畅的现象。一方面，通过文字或语音等形式发送信息较快的一方应该把自己的速度降下来配合对方，让话轮出现在双方的机会相对均等；另一方面，如果要输入大量信息，需要对方等待较长时间，可以事先提醒对方，使用"稍等""给我一点时间"等语句，避免因为对方等不及而结束沟通。

3）遵循网络沟通的语用原则。实效原则，要求人们能在第一时间做出反应，避免拖沓冗长和晦涩不清；宽容原则，因为追求速度，网络使用者可能会使用错字、别字，另外网络交际是直白而虚幻的，这都要求沟通者更多的宽容和理解；幽默原则，网络交际很大程度上调节了人们紧张的生活，成为人们的娱乐方式之一，可以在网络沟通中使用一些幽默技巧和网络新词，营造轻松愉快的氛围。

即时讨论

进行分组讨论，分享自己在网络沟通过程中遇到过的障碍，以及解决的办法。由一名组员总结发言。

2. 语言沟通的特点

语言沟通具有双向性、多样性、动态性、文化性和社会性的特点，其内涵见下表。

特点	内涵
双向性	语言沟通是一种双向交流的过程，不仅需要说话者表达自己的意图，也需要倾听者理解说话者所表达的内容。因此，语言沟通需要双方的积极参与和合作
多样性	世界上存在着众多的语言，每一种语言都有其独特的语法、词汇和语音特点。不同的语言之间也存在着很大的差异，这使得语言沟通具有多样性的特点

（续）

特点	内涵
动态性	语言是不断发展变化的，随着时间的推移和社会的发展，新词汇、新语法结构和新发音方式不断涌现。因此，语言沟通也需要不断地更新和适应
文化性	语言是文化的载体之一，不同语言之间也反映了不同的文化背景和价值观念。因此，在进行跨文化交流时，需要注意文化差异的存在
社会性	人类的沟通都是在一定的社会条件和时空场合下进行的。不同的社会条件和时空场合决定着语言沟通的具体方式和风格

知识点二　非语言沟通

非语言沟通是使用除语言符号以外的各种符号系统进行沟通的过程。我们的动作姿势、穿着打扮、使用的物品、生理特征等，都在向他人传递着某种信息。非语言沟通在沟通活动中占据着非常大的权重，是伴随着一切沟通活动而存在的。任务情景中，主人小伟的肢体语言说明了什么？

我国经典名著《三国演义》中有一个脍炙人口的故事：空城计。诸葛亮率领蜀军北伐曹魏，任命马谡镇守战略要地街亭。马谡违背诸葛亮的部署，最终被张郃击败，街亭失守。司马懿乘势率15万大军逼近诸葛亮所在的西城。此时诸葛亮身边并无大将，城内只剩下两千五百名士兵，且多为老弱病残。诸葛亮命人大开城门，自己端坐在城楼上，笑容可掬，气定神闲地焚香弹琴。司马懿怀疑城内设有埋伏，引兵退去。等得知西城是空城回去再战，赵云已赶回解围，最终大胜司马懿。

美国传播学家艾伯特·梅拉比安曾提出一个公式：信息的全部表达=7%语言+38%声音+55%肢体语言。正所谓"此时无声胜有声""抒情何必三寸舌"。研究发现，人的面部表情大约可以表现出25万种不同的信息，学校老师在课堂有7000多种手势，均说明非语言沟通的表现形式多种多样，非语言符号表达的含义纷繁复杂。根据非语言符号的不同表现形式，可以将非语言沟通的形式分为动态语言、静态语言、类语言与辅助语言这三大类。

1. 动态语言

动态语言包括首语、手势、面部表情、眼神和触摸，如下图所示。

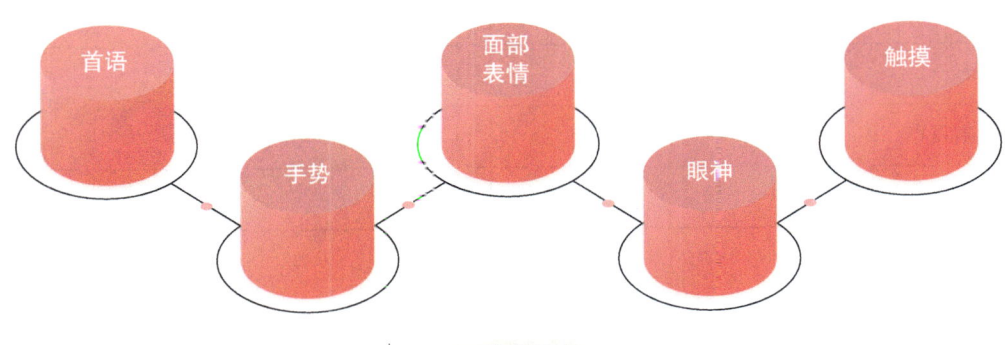

● 动态语言

（1）**首语**　通过头部活动表达信息的沟通方式。比如点头表示肯定、赞许，摇头表示否定、拒绝，歪头表示怀疑、深思或撒娇等。

（2）**手势**　手势使用频率高，形式多样，有很强的表现力和感染力，能准确表达人们丰富多彩的思

知识拓展：
手势的分类

想感情。手势可以分为情意手势、指示手势、象形手势和象征手势。

（3）**面部表情**　面部表情在不同种族、有着不同文化的成员之间具有很高的一致性，能够真实准确地反映感情、传递信息。研究表明，在解释相互矛盾的信息时，人们更加看重的是面部表情而不是语言内容。很多细微复杂的情感，都能通过面部表情来传递。

（4）**眼神**　眼睛是心灵的窗户，它能传递其他非语言行为难以表达的细腻、精妙的情感。注视角度、视线的部位、注视时间的长短都会传递出不同的信息，眼神往往很难被有意识地控制。

（5）**触摸**　包括抚摸、握手、搀扶、拥抱等。人类对触摸和被触摸有一种本能的需求，触摸是一种非常亲密的沟通方式。但是触摸受到一定的社会规则和文化习俗的限制，触摸要根据对方的性别、年龄、社会背景、关系亲疏、场合及触摸部位而定。

在沟通活动中，非语言沟通的可靠性与正式性，远大于语言沟通，因为人在沟通过程中，很难去控制下意识的动作和身体反应，所以要引起我们足够的重视。

即时演练

填写下表中非语言信息的典型含义。

非语言信息	典型含义
当别人离开你或向后退缩	
当对方深吸一口气时	
紧缩嘴唇	
眉毛压低挤缩在一起	
双眼下视	
深深地叹气	
抖腿或脚	
向后靠	
臂交叉	
用手指指点点	
咬铅笔头或其他物品	

2. 静态语言

沟通时，仪容仪表、空间距离、沟通时间与沟通环境共同组成了非语言沟通的静态语言，如下图所示。

仪容仪表。 一个人的容貌修饰、衣着打扮、风度仪表对语言沟通能否顺利开展起着重要作用，这些可以反映一个人的性格特征、兴趣爱好、文化修养。良好的仪容仪表既是自尊自爱的表现，也是尊重他人的表现

空间距离。 人际距离可分为亲密距离、个人距离、社交距离和公共距离；沟通时的朝向角度也会有所不同，如面对面、肩并肩等。距离和角度的变化能带来亲疏关系和心理距离的变化，应该根据不同的环境和关系来选择合适的距离和角度

沟通时间。 沟通时间的选择、交谈间隔的长短和沟通次数多少可以反映出人们的态度、性格和素养。例如，开会早到表明了自己对会议的重视程度以及职业素养，与同伴相处的时间长短暗示了对方在自己心目中的分量

沟通环境。 环境安排及选择表达了信息发出者对沟通的重视程度，同时环境条件也会直接影响沟通效果；声音、气味、光线、色彩、布局都可能对人的注意力、感知、情绪带来不同的影响

● 非语言沟通的静态语言

3. 类语言与辅助语言

类语言与辅助语言都属于有声的非语言行为。类语言是指有声音而没有固定语意的发声，如呻吟声、叹息声、哭泣声、笑声等。辅助语言是指声音的音调、音量、节奏、变音转调、停顿、沉默等。类语言和辅助语言是伴随口语表达的一种特殊语言现象，它的巧妙运用和正确解读，对于增强表达效果、准确获取信息、实现双向沟通，有着非常重要的意义。

非语言沟通可以获得一些语言沟通达不到的效果，但是它会受到沟通对象、环境、文化等多方面因素的限制，运用不当反而会弄巧成拙，我们应该在运用非语言沟通过程中使用下图的策略。

● **通俗准确。** 有些非语言行为的含义是人们约定俗成的，有些则是根据特定情境而定，如OK手势、竖大拇指的含义，在不同的国家和地区有所差别，要根据表达内容的需要，做到通俗易懂，符合社会习惯

● **协调自然。** 非语言行为应该与口头表达配合协调默契，如果与口头表达互相错位，就会显得滑稽可笑。各种非语言动作之间也应该紧密配合，各种表现手段协调一致，才能达到良好的沟通效果

● **温和适度。** 非语言沟通要做到端正、高雅，符合生活美学的要求，做到自然适度。凡事"过犹不及"，超过一定限度，就会由美变丑。例如，手势动作过大会显得张牙舞爪，过小又显得畏首畏尾

● **灵活应变。** 沟通中时常会发生意想不到的状况。如自己发言失态、对方突然情绪激动等。要做到随机应变，根据对方的表现和反应不断调整策略，选择适当的非语言沟通方式，以保持沟通的顺利进行

● 非语言沟通的策略

即时演练

下列选项中，哪项属于非语言的沟通方式？（ ）

A. 采用眼神的交流　　　　　　　B. 用字条传递信息
C. 做"嘘"的手势　　　　　　　　D. 交谈时更换坐姿

知识链接

微表情是指不受思维控制的，可能由情绪引发、也可能是习惯使然，持续时间短暂或面部肌肉收缩不充分的表情。微表情最短可持续 1/25 秒，通常不受意识控制，因此更能体现一个人的真实感受和情绪。研究表明人类拥有六种跨种族、跨文化、跨地域的通用情绪和表情：惊讶、厌恶、愤怒、恐惧、悲伤和愉悦，每种情绪都具有特定的微表情形态特征。我们可以通过对微表情的分析，推断出与其相对应的情绪，从而对他人的真实想法有更准确的把握。

知识拓展：
情绪与微表情

即时演练

辨识下列微表情，分析所表达的情绪和想法。

任务实施

非语言沟通包括面部表情、身体动作、手势、眼神接触、姿势、语调、沟通环境、沟通距离、时间因素等。阅读任务情景，填写下表，帮助小文分析下小伟的潜台词。

非语言沟通要素	沟通的现状	小伟可能的情况
面部表情		
身体动作		
沟通距离		
时间因素		

任务练习与思考

1. 公益活动策划大赛

由任课教师、班主任、班干部承担评委，其他同学自愿组成 5—7 人小组，用一周的时间完成一项公益活动的策划方案。

比赛分两个环节，第一环节是提交书面策划方案，第二环节是参加现场展示与答辩。评委对参赛组的书面材料和现场表现（从语言沟通与非语言沟通的角度）进行评分。策划方案书占

评分标准：
公益活动策划大赛

40分，现场表现占60分。

2. 课堂讨论

为什么说非语言行为可以称得上一种世界通用语言？

任务二 练就沟通技巧

在职场中以及日常生活中，人际沟通的重要性不可忽略。拥有出色的沟通技巧对人们的日常生活、学习和工作至关重要。积极而有效地与他人沟通常常可以起到事半功倍的效果，可以建立良好的人脉网络，促进情感回馈、获得更多的机会和资源、提高工作效率和成就感、增强自信心并促进职业发展。

任务情景

2022年北京冬奥会，志愿者成为一道靓丽的风景线，近2万名志愿者在赛事期间承担赛会综合服务、媒体运行与转播服务、文化展示服务、对外联络服务、交通服务等工作。志愿者们专业的服务水平、出色的沟通技巧，感动温暖了运动员、随队官员、观众、奥委会官员等。奥委会主席巴赫多次看望志愿者并在赛后致谢，多国运动员和工作人员离开冬奥村时万分不舍，和志愿者拥抱合影、含泪告别……

冬奥会的成功举办与志愿者和服务对象进行有效的语言沟通，与志愿者表达的清晰度、聆听的专注度、反馈的及时性有很大的关系，志愿者向世界展现了中国青年昂扬向上、奋发有为的精神风貌。

明确任务

北京冬奥会期间，志愿者每天要与来自世界各地的运动员接触，他们和服务对象高效沟通，提供良好而高效的服务，不仅圆满完成了工作任务，还结下了深厚的友谊。他们是如何出色运用沟通技巧的呢？

> 无论是在工作中还是生活中，掌握有效沟通的关键技巧都是至关重要的。常用的沟通技巧有哪些呢？
>
>
> 敲黑板

知识讲解

在人际交往中，良好的沟通技巧有助于建立良好的关系、解决问题和冲突、提高表达能力和影响力。我们应该学习掌握如何耐心倾听、真诚赞美、有效说服、巧妙批评、善于求助、委婉拒绝，并在实践中加以应用，这样不仅有助于个人的成长和发展，也有助于构建积极的工作环境和文化。

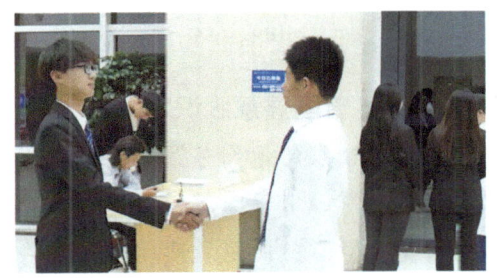

● 工作场景中的沟通

知识点一　耐心倾听

能力测试：霍德盖茨倾听能力测试

2022年3月4日晚，北京冬残奥会在鸟巢开幕，在万众瞩目的点火环节，最后一棒火炬手、盲人运动员李端摸索着把火炬插入"雪花"，他振臂一呼，璀璨烟花绽放夜空，"鸟巢"瞬间成为欢乐的海洋。但就在一分钟前，李端还站在高台上，反复摸索着主火炬对接角度……全场安静，所有人都为他屏住了呼吸，就在这时，一声"加油"响彻会场，随后全场爆发出了山呼海啸般的加油声，最终，李端圆满完成了任务。当时那声"加油"给了他怎样的力量？倾听对于他来说又有什么意义？

1. 倾听的含义与作用

知识拓展：倾听的六个层次和干扰因素

倾听和听是不同的概念。听是听觉器官对声音的接受与捕捉，是人对声音的生理反应，带有被动的特征。国际倾听协会对倾听的定义是：倾听是接收言语和非言语信息，确定其含义和对此做出反应的过程。倾听是综合运用各种感官主动获取信息的过程，包括用耳朵去听，用眼睛去观察，用鼻去嗅闻，用大脑去分析判断和直觉感受。

研究表明：在普通人一天的传播活动中，倾听、交谈、阅读、书写所占的时间比例分别为40%、35%、16%、9%。可见沟通过程中人们有近一半时间在听，所以要使沟通融洽有效，善于倾听非常重要。

思考探究

尝试对繁体字"聽"拆文解字。

2. 有效倾听的方法

（1）**积极专注**　倾诉者感受到被重视，感觉到自己话语很重要，才会有强烈的表达欲望。倾听时我们要全神贯注，自然地表现出对谈话者的尊敬和对谈话内容的兴趣。避免出现无精打采的状态和看表、玩手机、东张西望等动作。

（2）**保持开放态度**　我们要摒弃偏见和预设的观念，愿意接受不同的观点和经验，正视对方身上特有的性格特征、价值观念、文化背景。我们应该主动理解和包容与对方的差异，而不是试图说服或者反驳、辩论。

（3）**运用非语言沟通**　一方面我们要关注对方的非语言信息，如肢体语言、面部表情、眼神变化、声音语调等，分析对方语言背后的真实情绪感受、加深了解；另一方面我们还要通过一些非语言沟通来表达对对方的关注和理解。

即时讨论

曾国藩慧眼识才

李鸿章带了三个人去拜见曾国藩，请求给他们分派职务。恰巧曾国藩外出了，三个人就在厅外等候。曾国藩返回后，李鸿章说明来意，请曾国藩考察三人。曾国藩说不必了，其中一人适合做后勤供应，一人是可以重用的将才，一人只能做些无足轻重的工作。李鸿章非常惊讶，想知道曾国藩是怎么看出来的。

请同学们根据曾国藩的描述，为三人分配合适的职务，并说明原因。

第一人：非常恭敬，但曾国藩走过以后就左顾右盼。

第二人：态度温顺、目光低垂。

第三人：始终挺拔而立，目光凛然。

曾国藩看中的那位大将之才，就是之后立下赫赫战功的刘铭传。

（4）提问和澄清　　在倾听过程中要适时地提出一些切中要点的问题，响应对方的谈话、获取更多的信息，提问以开放式问题为宜；澄清简单来说就是重复对方说的话，比如"你是指……""你的意思是……"，作用是可以向对方表示自己在认真倾听、让对方解释含糊不清或是补充遗漏的信息。

（5）同理心倾听　　倾听时，我们要尽可能站在对方的角度和位置上，不带任何评价地、设身处地地去理解对方的感受和经验。同理心倾听能够建立信任、产生彼此间好感、发现对方需求。同理心倾听有三个层次：听内容、听感受、听需要。

（6）不要打断对方　　我们要尊重对方的发言权，不要打断或干扰对方，让对方完整地陈述事实和表达观点，否则会打击对方表达的热情和积极性。即便有不同的观点，也应该在对方发言结束后再进行回应。

（7）尊重、倾听对方的沉默　　沉默也是人类语言的一个要素，是言语内容的补充。对方的沉默也许是回避话题，也许是需要一些时间思考和回忆，也许是因为谈话内容或者环境而感受到了某些情绪，因此沉默是有丰富意义的。我们不仅要尊重对方的沉默，还要尽可能去分析造成沉默的原因。

知识点二　真诚赞美

广角镜

> 诺贝尔文学奖获得者萧伯纳年轻的时候非常害羞，他受朋友邀请进行他人生中第一次演讲。当时他忐忑不安地站起身，声音很小地讲了一个故事，结果却被众人嘲笑，大家笑他胆小得像个小姑娘，萧伯纳惭愧得无地自容。这时候一个女孩走过来，真诚地对他说："你的声音真好听，相信再大点声会更美妙。"萧伯纳害羞地看着女孩，女孩开心地笑了，她知道他已经接受了赞美。从此以后，萧伯纳不再在公共场合保持沉默，积极寻找机会当众演讲，最终萧伯纳成为一名杰出的演说家。

志愿者小顾在国家跳台滑雪中心承担志愿服务。他了解到2月11日是一位德国男运动员的生日，就在当天用英语向他表示了生日祝福，并预祝他在决赛上取得好成绩。小顾回忆说："可以看出来他当时很感动。"赞美是人际交往的润滑剂，人的本能中有着对赞美的渴望。适当的赞美之词能够让人感到振奋和被肯定，还能缩短与对方的心理距离。正所谓"良言一句三冬暖，恶语伤人六月寒"。现实生活中我们往往对于赞美他人的话比较吝啬，有些是因为不好意思说赞美的话，还有一些是不知如何去赞美。

1. 赞美的原则

赞美在沟通中有很多积极的作用，但也要注意遵循以下原则，否则只会适得其反：不要把赞美变成奉承、避免套词俗语、不要过分夸张、不要频率太高、不要触犯别人的忌讳。

知识链接：
赞美别人的角度

2. 赞美的技巧

我们应当树立主动赞美别人的意识、寻找赞美的角度、掌握赞美的实用技巧，如下图所示。

● 赞美的技巧

即时演练

互赠点赞卡。同学通过抽签小程序，从全班同学中随机抽取一人，为他（她）制作一张点赞卡：在卡片上写出对他（她）的赞美话语，至少5条，完成后交给被赞美的同学。收到赞美卡的同学谈谈自己的感受。

知识点三　有效说服

志愿者小戴是某职业院校学生，她参与"鸟巢"入口安检工作。有两位国外工作人员，经常从她值班的安检口出入，第一次带了止汗喷雾，被检查出来属于违禁品，小戴告知他们不允许带入场馆内，他们有些不高兴，埋怨"这不让带，那也不让带"，小戴和其他志愿者一起耐心解释劝说。后来，两位国外工作人员和她们熟悉起来，再也没有带过违禁物品。我们经常希望别人能够认可我们的观点，让事情按照我们的想法发展。而在我们跟对方接触之前，他们就已经对相关问题有了某种行为或观点，因此说服意味着对方要在某种程度上放弃原先的行为或观点。

1. 说服的三个要素

说服所需要的三个要素是：个人可信度、同理心、逻辑论证。

影响个人可信度的因素有：身份、资历、相关的能力、成功的经历、口碑、双方之前交往的深度。

我们要让对方感受到我们的同理心，我们了解对方的想法和需求，让对方感到与我们之间有紧密的联系。

2. 说服的方法

说服是一个动态的过程，我们可以使用 PERSUADE 模型，对说服的过程进行计划，提高说服效果。PERSUADE 模型如下图所示。

● PERSUADE 模型

即时演练

张伟有抽烟的习惯，最近经常咳嗽。你作为他的好朋友，运用 PERSUADE 模型，尝试劝他戒烟。

📖 知识点四　巧妙批评

北京冬奥会期间，组委会为各国运动员准备了 678 道精心烹制的特色菜肴，给各国运动员留下了深刻的印象，然而有极少数运动员对菜肴口味和品种要求较高，冬奥组委奥运村部部长沈千帆在新闻发布会上进行了回应：北京冬奥会餐厅的中国特色美食受到中外运动员欢迎。受限于空间因素，能提供的食物品类肯定是有限的，但必须满足国际奥委会批复的菜单要求，保障基本营养元素的供给。在此基础上，对各国和地区不同口味的要求，尽量予以满足。北京奥组委真诚的态度赢得了广泛赞誉。

1. 批评的价值和意义

批评是人们交流沟通的一种方式，很多人对于批判抱有抵触和对抗心理。但是必要的批评和自我批评能帮助人们认识缺点、及时纠正改进，得到进步，也能促进彼此间的关系；或是维护自己的正当权益。我们应该将批评视为一种积极的动力，从中汲取经验教训，促进自己的成长发展。

2. 批评的回应

批评往往引发一些负面情绪，如愤怒、沮丧。但是如果我们过于情绪化地回应批评，往往会导致进一步的冲突和误解。我们应该保持冷静和开放的心态，尽量理性地面对批评，不要让情绪左右自己的判断和行为。同时我们也要恰当地回应批评，应该表达自己的理解和观点，也可以向批评者提问，更具体地了解他们的意见。

广角镜：
陶行知的四块糖

3. 批评的方式和策略

巧妙的批评能够让别人及时改正错误，对方也会感激你帮助他解决了问题，因此我们需要掌握一些批评的方式和策略。批评的方式和策略如下图所示。

知识链接："三明治"批评法

即时演练：沟通的方式

| 01 | 02 注意场合、时机、尺度、分寸 | 03 | 04 描述事实，表达感受，让对方换位思考 | 05 | 06 批评的时候要因人而异、对症下药 | 07 | 08 表达期待和希望 |

01 明确批评的意图　　03 "三明治"式批评法　　05 真诚的态度，温和的语气，对事不对人　　07 提供解决问题的建议

● 批评的方式和策略

知识点五　善于求助

广角镜

> 美国开国元勋富兰克林，有一句很著名的话：曾经帮助过你的人，比之受过你恩惠的人，更乐于帮助你。1736年，富兰克林被选为州议会秘书，第二年，富兰克林再一次被提名时，遭到了一名议员的强烈反对。富兰克林不喜欢那位议员对自己的异议，又很希望能得到他的支持，但是富兰克林又不想以卑躬屈膝的姿态获得他的支持，他想到了一个方法。他得知那名议员的图书馆有一本珍藏书，就写了一张字条，向他借阅这本书，没想到那名议员同意了。富兰克林一周后把书还给了议员，还表达了自己的感激之情。一来二往之下，两人关系得到了缓和，并最终成为好朋友。

2022年北京冬奥会开幕前夕，鉴于全球新冠疫情防控形势依旧严峻复杂，国际奥委会执行委员会会议公布决定，北京冬奥会不面向境外观众售票，仅面向境内符合相关要求的观众售票。4年一次的冬奥盛会，受到全球观众的瞩目，很多人都希望来到现场，亲自为心中最爱的冰雪运动员加油。得知这一决定后，日本网友向中国网友发来了求助信息。日本26岁花滑巨星羽生结弦先后在2014年索契冬奥会、2018年平昌冬奥会花样滑冰拿下了男子单人滑冠军，成为66年来第一位蝉联冬奥会男单冠军的花样滑冰选手。如果在2022年北京冬奥会上再次登顶领奖台，那么羽生结弦将再次创下令人惊叹的成绩。日本网友表示不能去现场很遗憾，所以求助中国观众，届时请多多关照羽生结弦，"比赛现场加油的事情，就拜托中国的各位啦"。中国驻日大使馆官推转发后，做出了友好回应："收到各位粉丝的嘱托啦。在北京冬奥会期间，我们将和住在中国的日本人、参加大会的日本志愿者，一起为日本代表团加油。"以亲和形象著名、在日本也很有人气的时任外交部发言人华春莹，也做出回应："羽生结弦的各位粉丝们，我看到（有日本网友）发声：'现场加油，就拜托中国观众了'这事就交给我们吧！"

人是社会性动物。在社会中，人与人之间都有必然的联系。而每个人的力量和资源都是有限的，我们都有需要别人帮助的时候。

1. 求助的心理因素

很多社会学实验研究发现，很多人尽力避免向别人寻求帮助，但实际上别人比我们认为的更乐于提供帮助，如果我们得不到别人的帮助，主要原因可能在我们自己：羞于提出请求，或我们采用的方式不恰当。

我们很多时候低估了别人助人的意愿。拒绝别人可能产生不安、内疚，还可能打击自己的自尊心。而如果有合适的情感或者利益驱动，帮助别人会让人感到心情愉悦，有更高的自尊和满足感；或者能得到某种形式的收益。

2. 求助的技巧

我们可以运用一些技巧，来提高对方提供帮助的概率，比如：平时注重维系人际关系，运用三比二原则，选准合适的求助对象，当面求助、避免间接求助，态度自然大方、真诚直接，注意语气措辞，主动示弱、表示尊敬，把握分寸、频率，寻找合适的时机，提出请求时给出请求的理由，合理运用登门槛效应、低球效应、从众效应、霍布森选择效应、一致性效应，利用互惠原理，明确时间、具体事宜、缩短对方考虑的时间，降低对方提供帮助的成本，积极反馈受助结果、表示感谢、让帮助者获得成就感。

即时演练：
进行求助

知识点六　委婉拒绝

北京冬奥会开幕前90多天，中外落选志愿者收到了冬奥组委发来的双语感谢信。字里行间会有遗憾，但更多的是温暖和感动。落选的志愿者表示"虽然落选，但与有荣焉""原来自己的热情，真的有被尊重"……拒绝是对他人意愿、行为的一种直接或间接的否定，由拒绝引发的对方的心理抗拒、消极情感往往不可避免，但是因为主客观条件的限制，以及维护自身利益和尊严的需要，我们不可能有求必应。对于拒绝，很多人都认为它代表着排斥、隔阂、敌视，是迫不得已的防卫，实际上它是一种更主动的选择，是智慧的表现、社交的艺术。

1. 害怕拒绝的原因

（1）**童年经历**　从童年开始我们已经习惯了答应家长提出的要求，因为拒绝有可能让自己不被爱、不被接受，导致成年后依然有这种思维模式。

（2）**性格因素**　研究表明性格中的宜人性越高、自信自尊水平越低，或是有讨好型人格，就越难以拒绝别人。

（3）**中国传统礼仪文化和道德观念潜移默化的影响**　中国人高度关注礼仪、仁爱等，关注自己的行为对他人的影响，以及他人对自己的看法。

2. 拒绝的技巧

（1）**适当拖延**　别人提出请求，中断一下，给自己留出足够的时间思考是否接受请求。如果拒绝，也有时间考虑怎样说更加委婉，而且让对方认为你很认真对待这个请求。中断的理由要自然，并且给对方明确的答复时间。

（2）**借人推脱**　以他人为理由进行拒绝。自己"想"答应，但却不能完全做主，需要与人商量，比如"你说的周末的计划挺有趣的，我很想去，不过我得先问问我爸，他同意了我才能去呢"。

（3）**替代方案** 建议对方向其他人寻求帮助，或是提供有用的资源、可行的建议来缓解对方的困境。比如有人让你帮他修改论文，你可以回复说"我的水平你还不知道吗？不过我知道从哪里可以找到专业人士，他可以指导论文修改，但要收取一些费用。你需要的话，我把联系方式发给你"。

（4）**主动出击** 如果在对方提出请求前你就已经洞悉他的用意，而且你不打算答应，就可以主动出击予以拒绝。比如一位同学多次借钱没有及时归还，这次又跟你旁敲侧击，可能又有借钱的想法，你可以提前向他提出要求"我最近手头比较紧，你怎么样？能不能先借我点，我尽快还你"。

知识链接：
有效拒绝的句式

（5）**含蓄暗示** 通过语言或肢体动作把自己拒绝的意图传递给对方。可以是语言暗示，如："找我有什么事吗？我正打算出去。""我最近太忙、太累了，晚上老失眠，精力不集中，你刚说什么能再说一遍吗？"也可以使用一些小动作进行暗示，如转动脖子、皱眉、按太阳穴、东张西望、叹息等。

即时演练：
婉拒他人

（6）**破唱片法** 对付死缠烂打的人，如果对方根本不在乎我们的选择和意愿、不接受我们的拒绝，那我们可以向对方表示理解，然后一遍又一遍地重复拒绝的话。

✓ 任务实施

耐心倾听、真诚赞美、有效说服、巧妙批评、善于求助、委婉拒绝都是我们在工作和生活中经常出现的沟通场景。请运用所学技巧，拟定沟通场景，并进行演练。

沟通技巧	沟通场景	沟通要点
耐心倾听	● 王蕊努力学习，但成绩仍然没有起色	● 倾听事件与当事人的情感，适当回应，提出建议
真诚赞美		
有效说服		
巧妙批评		
善于求助		
委婉拒绝		

任务练习与思考

沟通技巧实践报告

在倾听、赞美、说服、批评、求助、拒绝六项当中选择自己最不擅长的一项，制订为期一周的实践计划，每天至少一次进行实践训练，并且每天的沟通对象不能是同一人。一周后进行总结，完成实践报告，字数要求200—300字。

任务三 化解人际冲突

在生活中冲突不可避免，每一段人际关系都有可能发生冲突，它是人与人之间观点、利益碰撞的结果，产生的原因既与不同的观点和利益有关，也与情绪和沟通不畅、个人性格特征等因素有关。我们应该具有直面冲突的勇气，还要分析冲突产生的原因，寻找解决方案，从而有效化解冲突、促进自我成长、改善人际关系。

任务情景

小文、小红、小丽是公司一个重点项目的项目组成员，他们在进行了市场调研、数据分析、反复讨论后，制订出一份策划方案，在项目组研讨会上进行了演示。项目经理听完汇报后，否定了这份方案，认为缺乏创意，要求三人重新设计。小文表示甲方是老客户，不会特别挑剔，可以先把方案发给甲方，如果被否决了再修改；小红希望项目经理提出具体意见，以便尽快修改完善；小丽觉得方案已经非常完美，她之前跟项目经理有一些个人恩怨，认为他这次故意针对自己，公报私仇，便在会上与项目经理发生了口角。项目经理找到部门经理，认为小丽不服从管理，要求更换项目组成员；小丽也找到部门经理，认为项目经理以权谋私，要求更换项目经理。

明确任务

工作中存在分歧与冲突，是非常正常的现象。同样一件事情，每个人对它的理解是非常不一样的。任务情景中项目经理与三位员工站的角度与层级不一样，当发生分歧与冲突时，有没有一种合适的方法去解决呢？如果你遇到类似情况，你会如何化解呢？

> 人际冲突有哪些类型？冲突的应对方式有哪些？解决方法有哪些？
>
> **敲黑板**

知识讲解

每段人际关系都难免存在冲突。冲突可以带来挑战，也可以带来机遇。如何减少冲突并且有效地化解冲突呢？我们需要了解人际冲突的各种类型，掌握应对冲突的步骤和解决冲突的有效方法。

知识点一 人际冲突的分类

人际冲突是指两个或两个以上个体之间、个体与群体之间或群体之间存在的互不相容、互相排斥的紧张状态。发生冲突的可能性会随着双方相互依赖程度的提高而增加。

1. 冲突产生的原因

冲突产生的原因有目标冲突、认知冲突、情感冲突、程序冲突等，如下图所示。

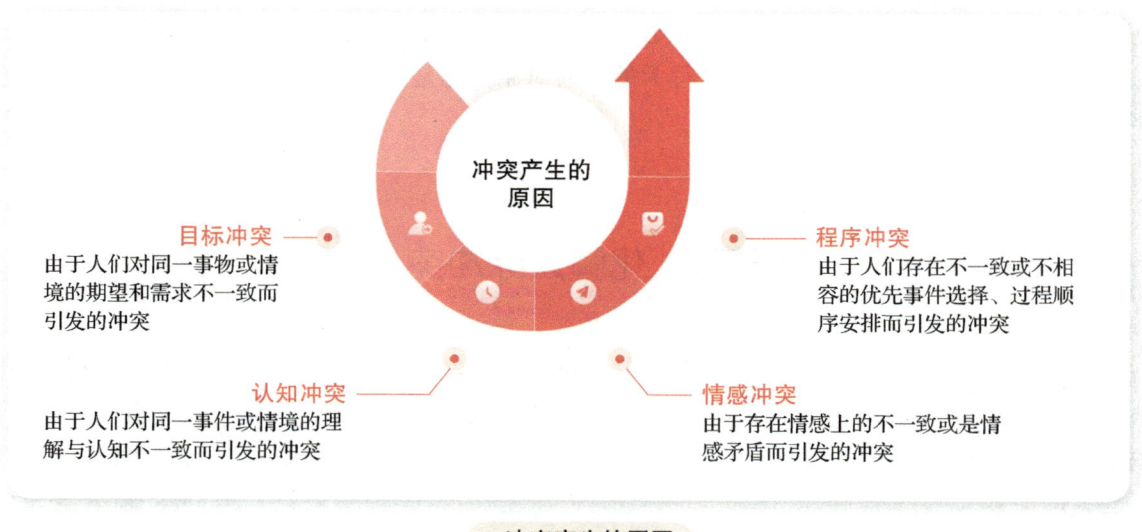

● 冲突产生的原因

2. 冲突的分类

（1）建设性冲突　建设性冲突也叫积极冲突，是指通过适当的方式和方法处理冲突，从而达到双方或多方共赢的结果。

（2）破坏性冲突　破坏性冲突也叫消极冲突，是指冲突没有得到很好的处理，从而导致了恶劣的后果，如工作效率的下降、双方关系的破裂、损失的加剧。

知识点二　冲突的应对方式和解决方法

1. 应对冲突方式

美国学者吉尔曼和托马斯从两个维度（合作性、坚持己见性），将应对冲突的反应方式分为五种：回避、妥协、竞争（强制）、退让（迁就）、合作等，如下图所示。"合作性"表示一方试图满足对方利益的程度；"坚持己见性"表示一方试图满足自己利益的程度。

知识链接：
冲突处理方式

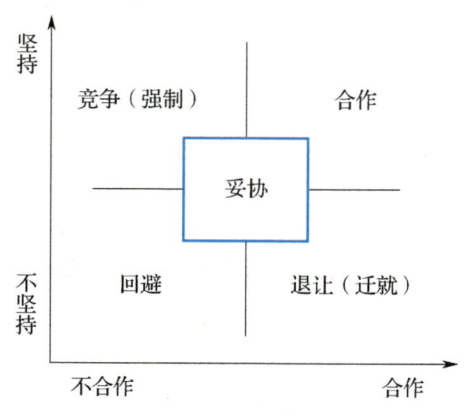

● 应对冲突的方式

096　现代礼仪与沟通

研究表明了人们在遇到冲突时采用何种应对方式比较稳定，但为了更有效地解决冲突，我们应该根据情境的不同，选择与冲突特点相适宜的应对方式。

任务情景中，在项目经理要求三人重新设计方案时，因为性格特点的差异，他们在遇到冲突时选择的应对方式总是相对稳定。小文采取讨价还价的方式，小红采取合作的方式，而小丽则采取了对抗的方式，他们采用了不同的冲突应对方式。你知道你常用的应对方式是哪一种吗？

即时演练

你认为性格特征对人们惯用的应对冲突方式有什么影响吗？选择与自己关系要好的同学组成小组，结合性格相互分析对方最常使用的应对冲突方式，并提出自己的建议。

2. 解决冲突的方法

小丽和项目经理出现意见分歧时，都急于发泄情绪，也都选择了向领导投诉。如果他俩掌握了解决冲突的方法，具备一定化解冲突的能力，就可以当场把问题解决，无需领导介入，避免误会进一步加深。

（1）**解决步骤**　解决冲突的过程主要有 5 个步骤，如下图所示。

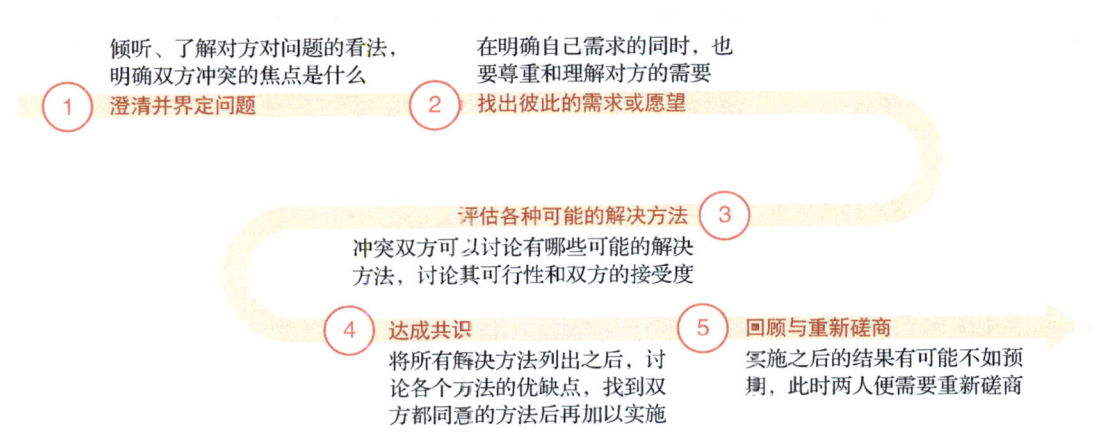

● 解决冲突的步骤

（2）**解决技巧**　面对难以避免的冲突，我们需要掌握一些技巧，更高效地处理冲突，尽可能产生建设性结果。解决冲突的技巧如下图所示。

即时演练：
化解冲突

● 解决冲突的技巧

知识链接

中国沙盘游戏实战专家赵丽萍在《亲子关系的重建》一书中分析了中国家庭父母与孩子冲突的特点，并提出了重建亲子关系的5个方法：

1）让父母重塑合理的认知，不再把梦想强加到孩子身上，从而减少对孩子的不合理要求及控制；

2）让父母和孩子学会正确的情感表达，驯服身体里的"情绪小怪兽"；

3）培养父母和孩子的意志行为，调整已有的家庭互动模式，让孩子跳出惯有的行为模式；

4）让父母与孩子的人格更加健全，让父母接纳并尊重孩子的特性，信任孩子，放手让孩子做自己，以父母的改变和成长影响孩子；

5）让父母与孩子之间形成双赢的人际关系，父母学会亲子之间相处的技巧，找到真正能够通往孩子内心的道路。

任务实施

小丽与项目经理之间产生了矛盾，你作为部门经理，应帮助小丽与项目经理解决矛盾。请运用非暴力沟通的方式，填写下表，解决小丽与项目经理之间的矛盾。

步骤	目标	语言
观察	☐ 客观描述事实，不带评判	● 我发现：
感受	☐ 诚实地表达自己的感受	● 我感到抱歉，因为：
需要	☐ 明确并直接表达自己的内在需求	● 我需要：
请求	☐ 提出清晰、具体的请求	● 请你：

任务练习与思考

结合学习内容，针对最近发生的一件同学或朋友不太理解你的事情，写一封信，名称为："朋友，我想对你说。"

项目二　不负春光韶华的同窗之情——校园沟通

📧 项目导语

"和谐"是中华民族传统文化的核心价值理念,也是我国社会主义核心价值观的重要内容。校园是一个充满希望与梦想的地方,也是一个浓缩的小社会,在校园中,学生主要通过老师的教学来获取知识,也可以通过读书、实习、志愿活动等途径积累经验,结识各种人脉促进日后的事业发展。所以校园沟通对于每一位同学来讲至关重要,可以通过清晰地表达自己的观点、想法,展示自己的专业素养和能力,获得他人的认可和尊重,同时,通过良好的沟通能力,也可以更好地与他人协调合作,解决问题,结交朋友,增进同学之间的友谊,促进师生之间的融洽关系,形成和谐友好的校园氛围,让自己受益终身。

项目构成

任务一:珍惜最美相遇(同学沟通)
任务二:结识良师益友(师生沟通)
任务三:学会健康交往(异性沟通)

✅ 项目目标

知识目标
了解同学沟通、师生沟通、异性沟通的原则。

技能目标
能够合理运用同学沟通的技巧;
掌握师生沟通的要点;
掌握异性沟通的方法与艺术。

素养目标
增强乐于交往、珍惜友谊的意识,提升尊重师长的意识,树立健康的异性交往观念。

任务一　珍惜最美相遇(同学沟通)

同学沟通是大学生之间友好相处的第一步。通过同学间的交流,可以培养我们的社交技能和合作精神,从而建立友谊,收获良好人际关系,使我们在学校生活中感到快乐和舒适。然而,并不是每位同学都掌握了与同学沟通的正确方法。同学之间的沟通,要在友善尊重、公平公正等原则基础上开展。

任务情景

大一新生小刘，为人热情，又是本地人，熟悉当地环境，主动请缨担任宿舍长。开学第一天，小刘就兴奋地向大家介绍当地特色，并邀请大家一起去逛夜市。同宿舍的小王想寻找物价更便宜的超市购买生活物资，却被小刘一口驳回。小刘坚持带大家去夜市采买，小王虽然有点不情愿，但也没有多说。小刘还主张每人交200元钱作为宿舍活动经费，用于将来聚餐、出游、装扮宿舍等。小王这时提出了反对意见，觉得一人200元太多了，其他人也纷纷附和。小刘一下子晴转阴，沉着脸一言不发。眼看气氛不妙，小王赶快夸赞刚才小刘逛夜市的提议很好，大家也纷纷表示愿意一起逛夜市。时间尚早，大家各自收拾，期待着晚上的出游。小刘觉得心里很难受，一抬腿回家了。一直到了晚上6点，还不见小刘回宿舍，大家琢磨着是不是该一起去夜市了，于是给小刘打电话询问，万万没想到，小刘却说不想去夜市了，让同学们自己去，宿舍各位小伙伴面面相觑。

明确任务

小刘的热情值得肯定，但效果不佳，如果你是小刘，会怎样做呢？如果你是其他成员，面对尴尬局面，又该如何协调？可以运用哪些方法改善沟通效果？

> 同学之间的良好沟通，应该遵循哪些基本原则？这些原则在同学交往中该如何灵活地运用？

敲黑板

知识讲解

与同学的交流沟通是校园沟通的一部分，任何良性的沟通必须遵守一定的沟通原则，比如友善与尊重、分享与合作、公平与公正、包容与理解、诚实与守信等。我们要遵循沟通的原则，根据需要恰当选择一种或多种沟通技巧，结合不同场景灵活运用，才能达到更好的沟通效果。

知识点一　同学之间沟通的原则

1. 友善与尊重

友善与尊重是同学沟通的最基本原则。期待同学友善待己，首先要友善待人，你怎么待人，别人就会怎样待你。要与同学建立良好沟通，无论在何种场合，无论沟通对象是谁，做到彬彬有礼、亲切友好，都是建立和谐人际关系的有效手段。友善待人，是拉近自己与他人的桥梁，有助于结交新的朋友，并拓宽自己的社交圈。

在任务情景中，小刘的初衷非常好，希望发挥本地人的优势，营造良好的宿舍氛围。但是，小刘没有很好地尊重他人意见。任何人都有获得尊重的需要，在与同学的沟通交流中，我们要给予对方尊重，

仔细倾听对方意见，换位思考，结合实际情况提出合理建议，让同学自己做决定。同时讲话也要注意礼貌客气，顾及对方感受，切忌语气生硬，颐指气使。

在沟通时要避免打断对方的讲话，要耐心倾听，尊重不同的观点和文化背景，让对方感受到你是在非常真诚地与对方沟通。即使沟通双方的想法和意见有所不同，也一定要尊重对方的观点和感受，保持友好的态度。

同学之间只有保持相互的友善与尊重，相互的宽容与欣赏，才能在长期的学习生活中和睦相

广角镜：
牛皋问路

处，团结互助，共同成长。

2. 分享与合作

分享与合作是校园沟通的核心要素之一。学生要学会通过与他人分享来促进彼此间的沟通，例如分享知识、分享喜悦、分享美食、共享资源等。同时要学会与同学合作，在共同的目标和利益前提下一起合作完成某些任务。在任务情景中，小刘能够主动地把当地的美食、购物资源分享给大家，其实是一种非常好的沟通方式。

通过分享与合作，可以培养学生良好的团队合作精神，提高学生的沟通合作能力。学习上，同学们可以一起讨论和解决问题。比如以小组为单位完成某项调研任务、完成某个课堂展示，在合作的过程中，我们需要分工合作，明确各自的职责和任务，也需要相互配合，互相支持。遇到困难和挫折时，相互鼓励，共同想办法应对。生活上，互相关心和照顾，如同学身体不适，主动询问要不要帮助买药、带饭等，帮助同学度过困难的时刻。

● 团队合作精神

当我们得到他人的帮助和关心时，应心存感激，并回报他们的好意。知恩图报和分享快乐，使我们得以建立起真诚而持久的友谊，这种友谊将伴随我们度过求学时光，并为我们的成长和发展带来无限的益处。

3. 公平与公正

公平是一切事项的基础。没有公平，就无法建立正常的沟通。大学生来自天南海北，同学之间在家庭背景、成长经历、性格相貌等诸多方面差异性很大，但这不是我们做事不公，"区别对待"同学的原因。

任务情景中说到的200元，对于小刘来说，可能只是零花钱，但对于小王，可能就是几天的伙食费了。不能因为消费观念的不同或者经济条件的不同就给对方造成压力，甚至歧视、疏远对方。应该学会换位思考，站在对方的立场上考虑问题。

每个人都有自己独立的人格，沟通双方在人格上是平等的。在沟通过程中，如果一方总是颐指气使地发号施令，总是一副盛气凌人的样子，恐怕对方很难愿意与其继续沟通下去。大学生往往个性很强，互不服输，这种精神是值得提倡的，但不能唯我独尊，目中无人。所以，在公平公正的基础上进行沟通，才能达到事半功倍的效果。

4. 包容与理解

包容与理解是同学和谐相处的重要原则。每位同学有着不同的生活背景、兴趣爱好和处事观念，相处中要学会包容，接纳他人的缺点和不足，发现他人的优点和长处，建立宽容和谐的交往环境。

同学之间存在差异很正常，未必是件坏事。求同存异，取长补短，可以增进同学间的友谊，从别人身上学到有价值的东西。必要时我们要学会做出一定的让步和妥协，前提是不越底线，大方向保持一致。通过沟通，理解对方的立场，找到双方认可的解决方案，探索达成共同目标的最佳路径。

> **即时讨论**
>
> **"求同存异"大家谈**
>
> 《论语·子路》有云:"君子和而不同,小人同而不和。"这一古老的哲学理念,深深扎根于中华民族传统文化之中,不仅是一种处世哲学,更是一种对人际关系、社会和谐的深刻思考。同学分小组搜集古今中外求同存异的名言警句和历史故事,由组长汇总进行发言。

5. 诚实与守信

诚实守信是立身之本,也是建立良好人际关系的基础。只有诚实守信,才能赢得信任,与人和谐相处。说一句谎话,就需要用十句谎话去弥补,谎话越多,破绽越多,久而久之,自然漏洞百出,贻笑大方。实事求是,真诚无伪,才是长久相处之道。

讲信用、重承诺是非常宝贵的品质,能够帮助大学生建立可靠的同学关系,成为值得他人信赖的人,从而赢得他人的尊重和信任。任务情景中小刘率先发起去夜市的邀约,其他同学也都同意前往,但小刘随后又突然改变主意,取消计划,这会给人一种出尔反尔、反复无常的感觉,有损个人信誉。

> **即时演练**
>
> **诚信主题情景剧表演**
>
> 诚信是中华民族的传统美德,是社会主义核心价值观的道德基础。在中国历史上,诚实守信的名人故事比比皆是。以 6~7 人为一小组,搜集相关历史故事,并分配角色,简单排练后进行现场表演。

知识点二　同学交往中的沟通技巧

有时候与同学保持良好沟通并不是一件容易的事情,需要借助一些小技巧来维持,下面我们一起学习都有哪些沟通技巧吧。

1. 积极主动开展交际

知识链接:
初次见面的开场白

积极主动开展交际,可以让你收获更多友谊。在同学交往中,可能会有相处得比较好的朋友,形成自己的人际圈。任务情景中,小刘就是发挥了"社牛"属性,积极与同学开展交际,值得肯定。当然,交往可不限于几个朋友,一句简单的问候可能是一段新友谊的起点,应不断主动拓展自己的交际范围,广结善缘。上课前,可以向旁边的同学问好;课间休息,尝试加入几个人的随机聊天;下课后参加集体活动,这些都是开展交往的简单途径。当今社会,沟通方式越来越多,不必拘泥于当面沟通,主动给朋友打个电话、微信朋友圈点赞,哪怕是片言只语,也会让对方开心不已,心存感激。要主动联络朋友,一个电话、一声问候、一个饭局,都可以拉近朋友的心。

2. 与不同的人交朋友

知识链接:
MBTI 是什么

尝试与不同的人交朋友,与不同背景、兴趣、性格的同学建立友谊,将帮助你更好地了解不同的观点和文化,拓宽视野,增长见识。有的人热情似火,有的人低调内敛,这都是个人的不同特质，无论哪一种个性都有值得我们借鉴的地方。与不同性格的人相处，应学会换位思考，学会包容，以诚相待，防止产生矛盾。

即时演练

e人还是i人

迈尔斯布里格斯类型指标（MBTI）表征人的性格，是由美国的凯恩琳·布里格斯和她的女儿伊莎贝尔·布里格斯·迈尔斯制定的，该指标以瑞士心理学家荣格划分的8种类型为基础，加以扩展，形成四个维度，这四个维度就是四把标尺，每个人的性格都会落在标尺的某个点上，这个点靠近哪个端点，就意味着这个人有哪方面的偏好。请同学们完成在线测验，了解自己的人格类型，并分析这种类型在交往中可能的优势和劣势。

3. 善于鼓励与帮助

在校园沟通中，鼓励与帮助是建立良好同学关系的关键。当你看到同学们取得进步，给予他们积极肯定，哪怕是一句不经意的赞美，都能表明你对他的认可，从而拉近与同学之间的距离。同学面临困难时，主动帮助他们解决问题或提供建议，一句主动的问询，一声温暖的鼓励，会让对方感觉到你对他的关心，在无形中增加对你的好感。当同学们给予你帮助或支持时，不要忘记道一声感谢，表达感激之情。

即时演练

暖心金句练一练

在同学情绪低落或是遇到困难的时候，暖心的话语就像冬日里的暖阳，给他带来温暖和力量，让他重新找到前进的方向。请每位同学至少构思一句安慰鼓励他人的话语，全班同学逐一发言，并由全班同学评选出"最佳暖心金句"。

4. 共同参加活动

大学生活中，会有很多的集体活动，这是与同学建立良好关系的好机会。参与志愿服务活动、参加各级各类比赛、加入学生社团、参与集体出游等都有助于促进同学间的互动与合作。参与集体活动不仅可以增进同学感情，还能提升团队协作能力和组织沟通能力。任务情景中，小刘计划的一起逛夜市、一起布置宿舍都是有效促进交流的集体活动。

即时讨论

集体活动我来策划

同学参加集体活动，不仅有利于沟通能力的提升，还能增进同学之间的感情。以小组为单位，设计有趣有益的课下集体活动方案，每个小组讨论选出两个方案，与全班同学分享。

● 集体活动

02 沟通篇

5. 提高情绪管理能力

在与同学交往的过程中，你可能会面对各种冲突和分歧，也可能需要做出妥协和牺牲，试着剥离各种喜怒哀乐的情绪，关注事件本身，就事论事，解决核心问题，努力成为一个人际调和者、问题解决者。通过学习相关知识，做好情绪管理，善于自我反思，不迁怒于人，将更有利于维护和谐的人际关系。

任务情景中，小刘因为收宿舍活动经费的意见未被同学采纳，就生闷气耍小性子，是不值得提倡的。

任务实施

课题分离是指将人际关系中的矛盾和责任明确区分开来，区分哪些事情是自己的课题，哪些事情是别人的课题。阿德勒认为，人类大约有 80% 的烦恼来自人际关系，而这些烦恼往往源于互相介入了对方的人生课题。任务情景中，区分小刘、小王的课题后，分析小刘和小王课题的重叠性与矛盾性。

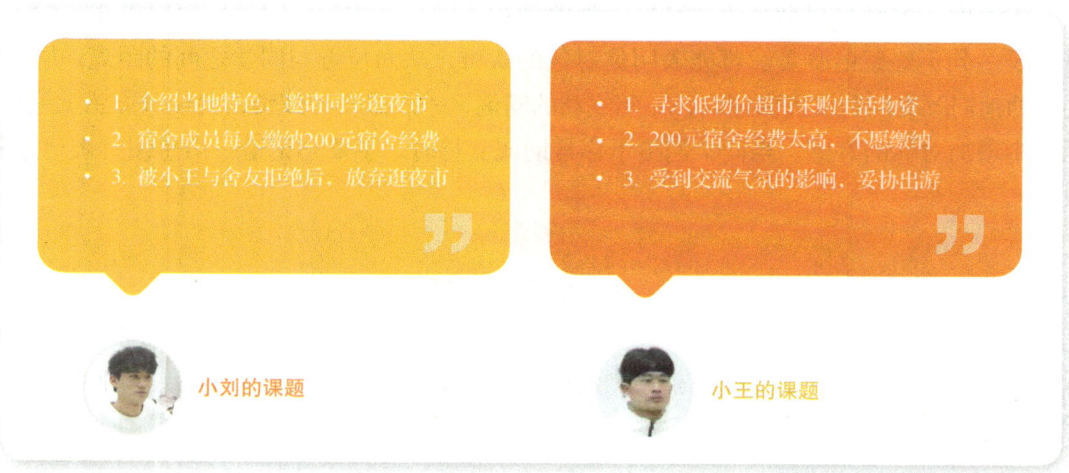

小刘提出的课题 1，可以包含小王的课题 1，所以小王同意去逛夜市。

小刘提出的课题 2，与小王的课题 2 直接矛盾，小王与小刘之间需要寻找合适的理由说服对方。

生活交流中，我们由于各种各样的原因导致课题的改变，但对于重视的自我课题，请做好课题分离，坚持自己的课题。

任务练习与思考

"我的新朋友"——课后沟通训练

运用学习掌握的同学沟通原则和沟通技巧，完成结交新朋友的实践活动。规则如下：每个同学填写一张基本信息卡片，包含姓名、班级、专业、联系方式，交给老师。老师在不同班的同学之间，随机配对。同学根据所学内容和个人经验，尝试与匹配的同学建立友谊。要求每天至少进行一次联络，联络方式不限，并在一个月后以"我的新朋友"为题，撰写 200 字的实践心得。

任务二 结识良师益友（师生沟通）

良好的师生关系是构建和谐校园，激发师生创新活力的前提条件，是大学生们愉快度过大学生活，高质量完成学业的重要保障。教师和学生扮演着不同的社会角色，在年龄、阅历、经验、思想水平、知识能力上都存在着明显的差异，难免有沟通不畅的时候。学习师生沟通需要遵守的原则，并灵活运用沟通技巧，可以达到更好的沟通效果。

任务情景

小王积极开朗、热情礼貌，与同学和老师的关系都很融洽。近几天小王的母亲生病住院，下周一需要做手术，小王想去医院陪护照顾母亲几天。可是恰巧昨天辅导员李老师因为他违反晚自习纪律的事刚刚批评了他一顿，他怕自己这时候去请假老师不会批准。于是他索性先斩后奏，自己写了个请假条，委托同学周一带给李老师。

周一上午同学将小王的请假条转交给了李老师，按照学校的考勤制度，事假必须事先请假，2天以内的事假要得到辅导员批准后方可离校，小王的行为显然不符合学校的规定。李老师马上联系到小王，首先肯定了他对母亲的一片孝心，但同时也向他重申了学校的考勤制度，并希望他能遵守学校的管理规定。小王没有理会李老师的批评，第二天继续旷课一天，还对李老师产生了不满情绪。

明确任务

小王非常孝顺，遇到母亲做手术，想去陪床，尽一份孝心，是非常难能可贵的。但是小王没有采用恰当的沟通和处理方式，违反了学校考勤制度，遭到了李老师的批评，并且对李老师的教育管理产生了误解。请想一想，小王该如何与李老师沟通？与李老师的沟通过程中，有哪些原则？

> 师生沟通，是校园生活的重要组成部分。学生与教师之间该如何进行积极有效地沟通呢？
>
> **敲黑板**

知识讲解

师生之间经常就学习、生活、个人发展等问题相互沟通。双方沟通需要遵守尊重明理、理解信任、主动积极和实事求是的原则。在与老师沟通中，往往也不止使用一种沟通方法，而是要根据实际情况灵活使用，从而达到更好的沟通效果。

知识点一　与老师沟通的原则

1. 尊重明理

中国自古以来有尊师重道的传统，老师不辞辛苦传道授业解惑，理应受到社会的尊重。"敬人者人恒敬之"，尊重是互相的，学生尊敬老师，老师也应尊重学生人格。每位老师都喜欢懂礼貌、易沟通的学生。求知成才的道路上，需要老师的教育、帮助和引导，应感恩老师的付出，与老师形成良性互动，教学相长。即使提出的诉求没有得到应允，也不应在背后恶意讨论、取笑、谩骂及攻击老师的人格。

值得注意的一点，毕竟老师与学生的立场和出发点可能有所不同，所以，无论你在沟通前计划得多么完美无缺，也不能强迫老师全盘接受，老师需要考虑和协调的事情很多。任务情景中小王在请假这件事上应当积极主动地与李老师进行沟通，向李老师说明情况，征得李老师的同意。

2. 理解信任

教师与学生在人格上是平等的，平等是彼此信任的基础。在学校，老师是暂时的监护人，是值得信赖的长辈，信任老师才可能对老师敞开心扉。学习上遇到疑问积极向老师请教，生活中遇到困惑找老师沟通，每位老师都愿意把自己的经验毫无保留地分享给学生，也乐于倾听学生的心声，为学生提供合理建议。

人的本性都是希望被理解、被认同，师生之间亦是如此。即使一件事老师没有采纳你的意见，也应该感谢他的耐心倾听，一方面让老师感觉到你的积极性和主动性，另一方面，要努力了解老师思考问题的出发点，虚心学习。任务情景中小王未经批准擅自逃课，不惜以违反学校考勤制度为代价去医院照顾母亲，显然不是解决问题的最好办法。

3. 主动积极

与老师沟通，积极主动的态度十分重要。老师每天事务繁忙，不可能对每个学生的每件事都关注到位，如果学生不主动沟通，老师可能永远不知道学生需要哪些帮助。

大学生阅历不深，经验不足，更应该积极向老师请教，获得启发和支持。一些同学由于对教师心存敬畏，总是敬而远之，即使在学习、生活中遇到困惑，或者对班级建设有一些设想和建议，也不敢与老师探讨，难以达成有效沟通，甚至引发误会。

任务情景中，小王遇到的情况也并不是多么复杂的问题，只要小王充分信任辅导员李老师，向李老师讲明自己惦念母亲的心情，并按照学校的考勤制度履行相关手续，这件事情一定会得到妥善的解决。

● 积极与老师沟通

4. 实事求是

实事求是就是从客观实际出发，不夸大、不缩小，正确地对待和处理问题。在有效沟通过程中，大学生要做到实事求是。首先要联系自身实际，发现问题本质，在事实基础上，去分析问题，做出正确的判断与决策。不能捕风捉影，无事生非，也不能避重就轻，只顾自身利益，语言表述上故意往对自己有利的方向引导而不惜歪曲事实。此外，不要带情绪去反映问题，或一味抱怨，而是要用实例增强说服力，事例要具体而生动，而且有据可循。

📖 知识点二　与老师沟通的要点

在师生沟通的过程中，只有抱着真诚的态度，双方才能互相理解、接纳和信任，思想和感情上才能产生共鸣，遇到困难或不懂的问题要学会向老师请教，老师也会非常乐意和学生进行交流。与老师沟通要注意以下要点。

1. 勇敢表达自我

首先要不卑不亢、自尊自信地沟通。一部分大学生总是自称"社恐"，不敢多说话，怕说错，怕被同学嘲笑，怕老师不理会，其实都是不正确的观念。大学校园里，一位老师往往要面对几十位学生，管理上很难做到面面俱到，接收的信息也是非常有限的。对于老师来说，非常希望学生遇到任何学习或生活上的问题，能及时向老师提出。所以，有任何诉求，请勇敢地表达，老师会积极地处理。

知识链接

向老师提意见或建议的方法策略：

在学校里老师和学生朝夕相处，由于各种原因，彼此之间产生误解和矛盾是难免的。学生应该尊敬老师，但表达自己观点不代表不尊敬老师。关键是怎样向老师提意见建议。

1）注意时机，分清场合。
2）语气平和，方式巧妙。
3）坦诚相待，注意分寸。
4）难言之隐，以"书"了之。
5）无关大局，无需深究。

2. 准确有效沟通

准确地把事情表述出来，是一种能力。与老师沟通时，首先把一件事情的原因、经过和结果，实事求是地描述出来，还原事实真相，这是基本的要求。其次语言表达要条理清晰，简洁明了，重点突出，不能东一榔头西一棒槌，也不能有头无尾。另外，在与老师沟通过程中，多提封闭式提问，向老师汇报时可以出"选择题"。提出问题后，建议附上2~3个解决的建议，同时对每个建议的优劣进行比较，这样可以提高沟通效率。

知识链接

KPT 工作记录法，由三个部分组成：

Keep：当前你正在做的事务或项目的正常描述；
Problem：你今日所遇到的问题；
Try：你准备明天要尝试的解决方案。

KPT 三个部分就组成了一份清晰明了的工作汇报。这样的汇报既能充分体现你当前的工作状态，又能层次分明地向老师传递遇到的困难与你的工作能力。

3. 注意时间场合

沟通一定要注意场合和时间。场合要根据沟通事项选择，不是只有在教师办公室才能沟通。对于日常沟通，只需要简单回答"是或否"的沟通事项，可以抓住一切公共场合沟通，比如教学楼走廊里、去餐厅的路上等。沟通尽量选择课后和相对闲暇时间，通常推荐在上午10点左右、午休结束后，或者双方都没有课的时间。

如果是上课之前或者是老师去开会的前几分钟，老师很难拿出足够时间和精力进行深入沟通，这不代表老师不愿意和你沟通，很有可能是忙碌到忘记了，所以，选择合适的时间和场合非常重要。另外，随着网络沟通的兴起，越来越多的同学与教师，通过聊天软件可做到实时沟通，如果有不理解和质疑尽量私发或电话，不要在群里公开发表异议。

最后，要尊重老师的私人时间，可以提前与老师进行预约，询问何时方便。学生空闲的时间，不一定是老师空闲的时间。老师回到家里还要扮演各种各样的角色，会是父母、妻子、丈夫、儿女，电话沟通切忌长篇大论，最好是询问非常急迫的问题，长话短说，直奔主题，节约时间。

● 在公共场合向老师提问

4. 避免涉及隐私

老师也是普通人，沟通过程中，不要问及一些老师不想回答或者很难回答的事，否则双方都会尴尬，给人留下不良印象。师生沟通的话题，尽量针对日常事务、生活和学习等方面。

老师有自己的隐私，沟通过程中尽量不要涉及隐私，尤其注意不要公开或传播老师的私人信息，比如家庭、情感、生活等方面的信息。

5. 配合协助老师

大学生活中，学生常常会担任老师的小助手，配合老师完成一些任务，在此过程中自身得到锻炼和提高，为将来独立从事某项工作打下基础。有些同学特别乐于协助老师工作，但不得其法，反而越帮越乱，这提示我们不仅要有工作热情，还要掌握工作方法。当老师布置任务时，要认真倾听，记清楚任务目的、内容、步骤和要求，有不明白的地方务必向老师求证，不能想当然，曲解老师的意思。执行任务时，要按既定方案执行，协助老师一步步地落实拟定好的方案。如果计划有调整或遇突发情况，要与老师商量对策，或者向老师提出建议，请老师做决定，不能擅自做主。还要注意严格自律、公正无私，当老师放权给自己时，不能滥用职权、徇私舞弊。

6. 善于换位思考

换位思考是非常重要的沟通要点之一。站在老师的角度思考问题，可以使学生更好地理解老师的心理，理解老师处理问题的方式方法。所以在与老师相处的过程中，当老师的做法你不能理解，或者你的建议没有得到老师的支持和肯定，先不要责怪或抱怨，不妨换位思考，想想如果你是老师，你会怎么考虑，也许你会豁然开朗。

知识链接

换位思考四步法

第一步：如果我是他，我需要……

第二步：如果我是他，我不希望……

第三步：如果我是他，我的做法是……

第四步：如果我是他，我期望……

在以下场景中，运用四步法进行换位思考。在每个步骤中可能产生的想法是什么？

1）你多次不按时提交作业，老师在课堂上对你进行点名批评，并从平时成绩中进行扣分。

2）你和同学发生矛盾争吵，你认为主要是对方的过错，但是班主任对你们两个人都进行了批评教育，并没有区分过错大小。

任务实施

小王不愿意与李老师进行沟通，这是一个复杂且多维度的问题，涉及心理、社会、文化和个人因素。产生问题的主要原因如下表。请对照自己的情况，分析自己不愿与老师沟通的原因，并思考与老师、父母、领导等沟通的技巧。

	原因	沟通技巧
恐惧权威	对权威的敬畏可能导致学生在与老师沟通时感到紧张或害怕	
担心批评或负面反馈	害怕在沟通中受到老师的批评或得到负面反馈	
自信心不足	缺乏自信心的学生可能害怕自己的观点不被接受或认可	
缺乏沟通技巧	不擅长表达自己的观点或需求	

任务练习与思考

班长对全班同学进行分组，每组同学采访一位对本班教学或管理的老师，围绕师生沟通话题做采访，并邀请老师完成一份调查问卷。根据采访和问卷调查结果，全班同学利用班会时间展开讨论，主题是"如何更有效地进行师生沟通"。

● 邀请老师参与调查问卷的回答

任务三 学会健康交往（异性沟通）

异性交往是人际交往的重要组成部分，也是人类常见的、重要的心理需要。大学校园中，异性同学之间的交往也非常普遍且不可避免。大学是人生的关键时期，也恰逢成长的青春期，在此期间，学生不但应该追求知识、能力、道德品质上的提升，还要培养良好的社会适应能力和人际交往能力。该阶段男女生交往问题十分敏感。男女同学相处时要彼此尊重，把握分寸。社会、学校和家庭也要加以正确地引导，促进学生身心的健康成长。

即时讨论

"花"与"草"的对话

将全班男生和女生分别进行分组，每组5~6人。女生组讨论的主题是：阳光男生应该具有哪些特质？你最反感男生的哪些特征？男生组讨论的主题是：魅力女生应该具有哪些特质？你最反感女生的哪些特征？各小组组长记录汇总后，向全班同学汇报发言。

任务情景

小萍（女）和小新（男）同为某款游戏迷，俩人经常一起组队打网络游戏，线上总是称兄道弟。小萍平日大大咧咧，有时见面俩人也勾肩搭背。俩人后来考入了同一所大学，形影不离，经常一起吃饭，一起打游戏，交流内容几乎都是关于游戏的。

好景不长，第一学期期末，小萍两门科目不及格。正在小萍伤心难过时，小新发来"约一局"的邀请。小萍拒绝，表示自己期末挂科了，没心情。小新赶到了小萍宿舍楼下，双方见面后，小新一边轻轻拍着小萍的后背，一边安慰说："别哭啦！寒假好好复习得了。走吧，我请吃饭。"说着就准备拉小萍走。

小萍一听小新满不在乎的样子，心里更委屈，一下子哭得更伤心了。小新有些不知所措，从口袋里拿出纸巾给小萍擦眼泪，说："赶紧擦擦，我哥们儿咋哭得像个女的。"小萍听了，破涕为笑，情绪渐渐平复了下来，小新拍了拍小萍后脑勺："走吧！"

俩人一起到食堂吃饭，小萍觉得小新对自己体贴入微，问了一句："你是不是喜欢我呀？"

小新抬头，严肃地说："别闹！咱俩就是铁哥们！"

明确任务

小萍误解小新喜欢自己，是因为二人在相处过程中有些不恰当的地方，容易产生误会。二人在哪些细节上做得不妥呢？与异性朋友相处，怎样才能避免造成暧昧不清的情况？

知识讲解

健康的异性交往要遵循自信大方、尊重差异、健康文明、自尊自爱、自然适度等原则，同时，异性交往也需要注意方法与艺术，力求达到良好的沟通效果。

> 异性同学之间，更需要从对方的角度出发思考问题。建立良好和谐的沟通，该遵守哪些基本原则呢？有哪些与异性同学交往的方法与艺术？我们一起学习。
>
> **敲黑板**

● 与异性同学交往

知识点一　异性同学健康交往的原则

异性之间在生理上、心理上有着巨大的差异，因此异性相处有别于同性交往，需要遵守一些基本原则，才能够相互促进、共同成长。

1. 大方自信

在与异性同学交往时，要保持自信和大方。不要因为对方的性别而感到紧张或羞涩，而是要展现自己独特的魅力。自信大方的谈吐，能够获得别人的信赖，引发好感。可以将共同感兴趣的话题作为突破口，促进彼此的了解，增进友谊。

大方自信是外在表现，其根基在于卓越的能力和素质。大学生要不断锤炼本领，增长智慧，提高修养，"腹有诗书气自华"，有了丰盈的内在，自然会有不凡的外现。

2. 尊重差异

异性交往要求我们保持相互尊重、理解和包容。正所谓"男女有别"，在一本心理学畅销书《男人来自火星，女人来自金星》中就指出，男性和女性在心理、认知上有先天差异，而接受差别是保证双方和平共处的要诀。不要试图改变对方，学会欣赏彼此的独特之处，也许你会有新的收获。

男生和女生各有优长，在合作完成某项任务或日常交往中，应尽力发挥自己的长处，形成优势互补，更有利于问题的解决。

3. 健康文明

异性同学之间，要健康文明交往。说话要礼貌得体，要彼此尊重，不可拿对方的短板当作开心取乐的材料，杜绝不尊重对方人格的行为。

相处过程中，言谈举止应大方得体，保持正常的社交距离，不可与异性轻浮打闹，不可有过于亲密的肢体动作。任务情景中，小萍在男生面前表现得没有心机，像哥们一样与男生相处，甚至勾肩搭背，其实并不雅观，应注意分寸，避免引起误会。真挚的友谊不分性别，但如果异性之间举止过于亲昵，恐怕难以保证友情的纯度。同时，如果观察到身边有异性同学交往亲密，也不要随意给两人的关系贴上标签，更不应散播流言蜚语，给同学造成困扰。

4. 自尊自爱

大学生处于青年时期，青春萌动，会希望得到异性的关注，会在心仪的异性面前展现最完美的自己，通过获得异性的肯定来满足自己。异性在一起学习、娱乐、交谈，双方都会有一种愉悦的心理感受，这都是正常的情绪体验。但不能一味讨好而失去自我，丧失尊严。

多在集体活动中进行群体交往，避免过多的个人接触。与异性单独相处时，一定要注意选择安全的环境和场所，不要在偏僻、昏暗处或私人房间长谈。把握好尺度，遵守交往禁忌，避免给人留下轻浮、随意的印象，做到自尊自爱。原则上不应到异性宿舍去，实在有特殊缘由，应得到准许，做好登记，不过久停留。

知识点二　异性同学交往的艺术

1. 广而不狭

首先要树立正确的异性交往观，摆脱"男女授受不亲"的封建观念，正确看待异性同学之间的交往，这是异性交往正常化的前提条件。参加集体活动，通常来说既会碰到同性好友，也会遇到异性伙伴，大家因共同的目标而聚在一起，切磋交流，不亦乐乎，通过互帮互助、协作配合来增进友谊，不必过分在意性别差异。友谊具有包容性和广泛性，任务情景中，小萍和小新的交往面过于狭窄，这在异性交往中也需要注意，扩大异性同学的交往范围。如果你不是"社牛"，那循序渐进，先与一两个同学接触，慢慢扩大交往的范围，结交更多的朋友。

● 与同性和异性朋友共同参加集体活动

2. 淡而不深

淡交就是不过分投入感情，也不奢求对方视自己为"唯一"，将自己摆在突出重要位置。各自在经济利益等方面也要保持相对独立。当朋友遇到难题，在力所能及的范围内施以援手，而不图回报。要把握好交往尺度，过犹不及，如果超越了正常交往深度而对异性过多关注甚至干涉，容易引起误会或矛盾。"君子之交淡如水"，坦诚相待并保持原则底线，才是长久的相处之道。

3. 疏而不远

"疏"就是交往的朋友之间要保持一定距离，尊重他人的隐私，允许朋友拥有除了自己以外的其他社交圈。"不远"就是态度要亲切随和，不要给人一种高傲不可接近的感觉。有些大学生在与异性交往时总感到要比与同性交往困难得多，以至于不敢、不愿，甚至不能和异性交往。这是因为他们划不清友情与爱情的界限，在交往过程中把握不好尺度，为了避免麻烦索性不与异性交往。其实没有必要走极端，如果两人不是往恋人方向发展，保持适度的疏离感，必要时明确表明立场，就可以避免很多误会。

任务情景中，小新和小萍几乎形影不离，小新还做出擦眼泪、拍后背、拍肩膀等亲昵的肢体动作，结果小萍误以为小新暗恋她，这就是没有遵守疏而不远的原则。

> **知识链接**
>
> **心理边界**
>
> 心理边界是指在人际关系中，个体清楚地知道自己和他人的责任与权利范围，既保护自己的心理空间不受侵犯，也不侵犯他人的心理空间。心理边界可以分为语言边界、情绪边界、道德边界、交往边界。在与异性的沟通中，你有清晰的边界感吗？你有过越界或者被越界的经历吗？

任务实施

与异性同学的交往,要保持开放和诚实的沟通,尊重彼此的感受和边界,以建立更加健康和平衡的关系。小萍和小新之间的交往模式更多地建立在共同的游戏兴趣和活动上,但可能缺乏对于彼此情感边界的清晰认知。通过任务情景,我们可以进行如下思考,获得异性交往的相处技巧,如下表所示。

	思考	相处技巧
情感表达的误解	小萍:误解了这种关心为更深的情感 小新:出于朋友间的关心去关心小萍	• 保持适当的边界感与合适距离
情感发展的可能	小萍:需要时间来处理自己的感受,并决定是否表达出来 小新:是否愿意或能够处理这种更深层次的情感关系	• 从自身的实际出发,根据当下的情况,沟通相互的想法
维持友谊的平衡	小萍:共同努力,尊重彼此的成长和变化 小新:通过共同的兴趣和活动来加强友谊	• 相互尊重

任务练习与思考

异性沟通团体辅导活动

将本学期开设沟通课程的班级中所有学生分成男、女两部分,男生和女生分别随机分组,每组5~6人。再将男生小组和女生小组随机组合成实践活动组,即每组10~12人,男女比例各半。每个小组根据方案开展活动。由老师或有活动组织经验的学生干部担任小组组长。

任务方案:
异性沟通的环节

项目三 获得职场认可的第一步——面试沟通

项目导语

就业是民生之本,党的十八大以来,党中央坚持在推动高质量发展中强化就业优先导向,不断丰富发展更加积极的就业政策,推动我国就业工作取得历史性成就。近年来,高校毕业生数量逐年攀升,学生就业面临着更大的竞争和挑战,社会对于毕业生的要求似乎也越来越高。如何在激烈的竞争中脱颖而出,赢得自己心仪的工作呢?除了需要在校期间完善和提升自己,还需要在求职面试过程中把握机会,展现出较强的沟通能力和个人魅力,提高面试的成功率。

项目构成

任务一:了解面试那些事

任务二：把握面试沟通要点
任务三：破解面试常见问题

 ## 项目目标

知识目标

了解面试的基本程序和主要类型；
掌握与面试官沟通的基本原则；
熟悉面试交谈时的基本禁忌。

技能目标

具备在面试中完美展示自我的能力；
能够在面试现场与面试官进行积极有效的沟通；
学会恰当得体地回答面试官提出的问题。

素养目标

树立良好的求职者形象，为应聘成功奠定基础；
培养良好的职业精神和职业素养。

任务一 了解面试那些事

面试是目前人才选拔，尤其是用人单位招聘中最常使用的手段，既然是"选拔"，就必然存在竞争。面试给招聘单位和应聘者提供了进行双向交流的机会，能使二者之间相互了解，从而双方都可更准确做出聘用与否、受聘与否的决定。面试可以考察到笔试难以考察到的内容，比如有些素质特征虽然可以通过文字形式来表达，但因为应试者的掩饰行为或其他原因没能表达，但却可以通过面试来考察，所以在求职过程中，面试是具有决定性意义的重要环节。

任务情景

毕业季的某天下午，应届毕业生小丽接到了××公司人力资源经理的电话，对方表示，她的条件基本符合公司招聘要求，通知她后天下午三点到公司参加面试。小丽非常高兴，也非常紧张，马不停蹄做好各项准备，并在面试当天下午准时赶到了××公司。

明确任务

小丽就要进行面试了，良好的第一印象是至关重要的。面试是考试的一种，是通过面谈的形式来考察求职者的综合能力和素养。一般来讲，面试的基本程序是大致相同的，面试官会从多方面来对求职者进行考察，我们在面试前一定要做好各项准备，认真对待。

> 常见的面试程序有哪些？面试官会从哪些方面考察应聘者？我们与面试官交谈应该把握哪些原则？
>
>
> **敲黑板**

知识讲解

知识点一　面试的基本程序和主要类型

面试是指在特定的时间和地点，由面试官与应聘者按照预先设计好的目的和程序进行面谈、相互观察、相互沟通的过程。面试是以谈话和观察为主要工具的一个双向沟通的过程。面试具有明确的目的性，是按照预先设计的程序进行的选拔活动。

1. 面试的基本程序

（1）**面试准备**　招聘单位对面试者的申请材料进行审核，确定面试名单。招聘单位向求职者通知面试的时间和地点。如需要面试的人员为学生，招聘单位通知面试的方式主要是招聘单位通知学校就业主管部门，由学校通知学生；招聘单位也可直接通知学生本人。招聘单位面试官根据空缺岗位所需要的才能准备面试问题、评价要素权重等；求职者准备简历、相关材料、服装及相关问题。

（2）**面试实施**　面试的实施过程一般包括五个阶段：关系建立阶段、导入阶段、核心阶段、确认阶段和结束阶段。每个阶段都有各自不同的任务，在不同的阶段中，采用的面试题目类型也有所不同。

a. 关系建立阶段。在这一阶段，面试官会问一些简单的问题，如工作经历、文化程度等，以消除应聘者的紧张情绪，创造轻松、友好的氛围，为下一步的面试沟通做好准备。

b. 导入阶段。这一阶段，面试官会提问一些应聘者一般有准备的、比较熟悉的题目，如让应聘者介绍一下自己的经历、自己过去的工作等，以进一步缓解应聘者的紧张情绪，为进一步的面试做准备。

> **提示**
>
> 在本阶段，面试官会问一些开放性问题，使应聘者有较大的发挥自由度，具体如"请你介绍一下你的学校经历""请你介绍一下你在学生会的主要工作经验？""让我们从你最近的一份志愿活动开始讨论一下你的想法吧？"等。

c. 核心阶段。在这一阶段，面试官通常要求应聘者讲述一些关于核心竞争力的事例，面试官将基于这些事实做出基本的判断，对应聘者的各项核心竞争力做出评价，为最终的录用决策提供重要的依据。在本阶段主要提出的是一些行为性问题，但通常与其他问题配合使用。

> **提示**
>
> 在本阶段，面试官常用的开放性问题具体如"刚才我们已经讨论了几个具体的实例，那么现在你能不能清楚地概括一下你在学生会中的角色是怎样的？""前面提到你曾经帮助某社会团体制定有关的政策。具体地讲一讲，你到底做了哪些工作，发挥了哪些作用？"等。

d. 确认阶段。在这一阶段，面试官应进一步对核心阶段所获得的信息进行确认。在本阶段，面试官常用的是一些开放性问题，尽量避免使用封闭性问题，因为封闭性问题会对应聘者的回答产生导向性，应聘者会倾向于给出面试官希望听到的答案。

> **提示**
>
> 本阶段面试官常用的问题有行为性问题和开放性问题，如"你能否再举一个例子说明你是怎样对待一个'刁钻'的客户的""你能再举一些例子证明你在某专业方面的技能水平吗"等。

e. 结束阶段。在面试结束之前，面试官完成了所有预计的提问之后，一般会询问应聘者是否还有问题要问，是否还有什么事项需要加以补充说明。不管录用还是不录用，均应在友好的气氛中结束面试。

（3）面试评估 面试结束后，根据每位面试官的评价结果对应聘者的面试表现进行综合分析与评价，形成对应聘者的总体看法，以便决定是否录用。

2. 面试的主要类型

一般来讲根据面试对象的多少，面试可分为一对一的个别面试、多对一的主试团面试、多对多的小组面试、无领导小组讨论的集体面试、线上面试等，见下表。

类型	考察点
一对一的个别面试	常用于第一轮面试，主要目的是剔除一些素质相对较差者
多对一的主试团面试	由多个部门组成主试团，考核应聘者的人格素质、业务素质、行为风格等
多对多的小组面试	面试对象有多个，便于对应聘者进行比较权衡
无领导小组讨论的集体面试	是最常见的一种集体面试。具有很强的岗位特殊性、情景逼真性和典型性。考察面试者角色定位、团队协作和解决问题的能力，进而评估面试者综合能力和能力水平
线上面试	通过互联网远程进行面试。考察面试者语言、礼仪、技术等综合能力

● 一对一的个别面试

● 多对一的主试团面试

● 多对多的小组面试

📖 知识点二 求职面试沟通的魅力支点

在面试过程中，面试官力求通过与应聘者的广泛深入的交流，观察其言谈举止是否得体，个性特征、行事风格是否合意，应聘者的敬业精神、业务能力、学习能力、团队合作等是否符合岗位需求。面试官一般会从以下两方面观察。

1. 外表（非语言沟通）：仪容＋仪表

对于面试官而言第一眼看到的就是应聘者的仪容仪表，面试开始，通过几个问题简单寒暄，拉近彼此距离，同时也可对应聘者的衣着、精神面貌、肢体语言、口头禅、礼貌用语等做一个初步判断。如果应聘者一开始就给面试官留下积极良好的印象，是非常有利于双方后续沟通的。

注重仪容仪表是自尊且对别人尊重的外在表现，我们有义务让面试官赏心悦目，有必要让别人视线里的风景是美丽的，也期待面试官从众多应聘者中给我们留有一席之地。

2. 内涵（语言沟通）：学识＋人格

一个人的形象可以通过外在打扮在一定程度上改善，但是应聘者平日日积月累的修养，才是最好的"面试材料"。面试官看似不经意地发问，实际上是要在短时间内快速了解一个人，并判断是否符合岗位要求、业务部门会不会满意、能不能适应企业文化等。每一道问题的背后都隐藏着对应聘者的工作态度与价值观、知识广博度和学习能力、上进心与自信心、专业能力与经验等的考察。所以当你把学到的和心中所理解到的融合在一起，形成一套个人独立的见解，就自然会形成属于你自己的学识和人格，形成你个人独特的气质。学识渊博、举止从容的应聘者往往是面试官的首选，面试过程中自然会受到青睐。简短的面试沟通是无法全面考察应聘者的品德与人格的，但是通过应聘者的言谈举止，是很容易对本人的素质修养做出基本语言逻辑、知识水平的判断的，这些都需要应聘者反复练习，认真储备。

即时讨论

面试时什么样的人最受用人单位喜欢？

知识点三　与面试官沟通的基本原则

面试是毕业生在求职时所要面临的一个重要环节。对于每个同学来讲，要使自己的临场表现与书面材料一样完美并被招聘单位认可，就必须遵循以下原则，让沟通更加融洽，让面试沿着好的方向发展，努力获得招聘单位的认可。

1. 针对性强

面试之前，一定要开展必要的有针对性的调研活动。

（1）**针对应聘的单位**　一定要了解一下招聘单位的基本情况，自己未来所从事的行业的现状，有什么发展前景，岗位的工作内容，该岗位的职业发展等，做好相关的知识储备，这样在与面试官沟通的过程中，才能游刃有余，应对自然。可以在单位的官网上，搜集该单位的一些资料，例如规模、性质、主营产品、优质项目、人事制度、企业文化等，了解得越清楚，与面试官的沟通会更顺畅一些，面试成功率也就越高。所谓知己知彼百战百胜，一个对招聘单位很了解的应聘者，往往较容易获得面试官的认同。除此之外，如果能够了解单位的氛围，对你准备合适的穿着和话题也是十分有用的。

（2）**针对应聘的岗位**　面试过程中，突出自己的特长和教育背景与岗位的匹配性十分重要，做到人岗匹配。你可以在自我介绍中主动提出自己的教育背景与岗位的匹配程度，一定要对自己将要应聘职位的相关知识和技术技能有所掌握。值得注意的是，如果一名应届毕业生说出了超出自己本专业的教育能力的经验，一定要慎重，如信息不真实，会留给面试官你是个夸夸其谈的人。

（3）**针对你的个性特长**　在回答问题的过程中，可穿插一些自己的特长或上学期间参与社会服务的经验，如走进社区开展志愿服务积累了与不同人群的沟通经验、组织了学校的文艺汇演锻炼了自己的团队合作能力等。优秀的单位不仅仅招聘人才，同时会帮助员工实现个人和企业的共同成长。

2. 应对自然

在面试过程中，务必展现真实自然的自己，让面试官了解你的实际能力。讲述自己的经历和技能时，要尽量客观、真实，不要夸大自己的能力和经验，以免在后续工作中无法胜任。无论在什么单位面试，在面试过程中，一定要自然大方，要表现出真诚，不过要扬长避短，把好的一面尽可能展现出来。有些无伤大雅的小缺陷，可以适当表现出来，给人一种轻松自然的感觉，可能会有好的效果。沟通过程中，一定要有较强的逻辑思维，在回答面试官问题的时候，要能够抓住关键，如果缺乏必要的敏锐度，那么你就很难在回答问题的时候说到点子上，面试官也会直接抓住你的薄弱环节进行提问和确认。在面试之前，一定多训练自己的思维方式，多准备一些问题，这样在面试时才能够有针对性地沟通。

3. 巧避陷阱

现在的面试过程中，面试官除了要求应聘者具备专业素养与能力之外，往往还会观察应聘者对压力的承受能力和应变能力。有些面试官会先提一个你觉得难以回答的问题，或者"浇一盆冷水"，让你在委屈和激愤中露出本色。有些岗位需要一定的抗压能力，这样的面试官提问，可能才能筛选出有心理承受能力的人，找到能面对压力的、符合岗位需求的人。

案例链接

小云在面试中遇到了这样的情况，经过几轮对答后，面试官突然说："我觉得你今天的穿着不适合我们公司的文化和要求。"原本信心十足的小云，听到完全否定的回答，一下子就懵了。穿了全套正装的小云犹豫了一下，镇定自若地回答："谢谢面试官的提醒。我今天已经穿了全套正装，但是肯定还是与贵公司的要求有一定的差距，我相信如果有机会入职贵公司，也是我个人成长提高的机会，我会尽快地融入。"面试就是学习的过程，巧妙地避开面试的陷阱显得尤为重要。

一定要放平自己的心气，应聘者要有耐心和涵养，尽力表现出一个职场人应有的沉着和冷静，而不是激动、失态地据理力争，委婉而机敏地回答，微笑以对完成面试即可。面试官判断应聘者的性情、胸怀、为人处世的原则等方面的信息，最后决定录取与否。一些面试官在面试时会给应聘者提出难以回答的问题，以声东击西的方式从应聘者的回答中得出结果。

4. 慎提问题

单位在招聘时，一般都有一套完整的面试流程，面试官通常会主动向应聘者简单地介绍单位的情况和岗位情况。在面试的最后，面试官通常会问一句"你还有什么问题要问吗？"当我们碰到这样的问题，务必谨慎回复。

一般应注意以下几点：

（1）提问以对方为中心　不提含糊不清、有歧义、使自己陷于不利局面的问题。尽量使用开放性问题，注意不提难倒面试官或面试官不愿或不能回答的问题，最后不着急问待遇。

（2）注意不要问一些特别琐碎的问题　在面试过程中问"咱们这里，电话费、车费报不报销？"等问题，不但会让面试官反感，而且会让对方产生工作还没干就先提条件的感受；不要问一些特别空的问题，如"我想知道公司未来的战略规划是怎样的？""公司的年终奖是怎么测算的？"这些问题尽管面试官可能有能力回答，但这在初次面试的时候问出来难免给人有不切实际想法的印象。

（3）不要缺乏主动思考的精神　当面试官请你提出问题时，不要理所当然地回复"我没有问题了。"这会凸显你没有思想、没有追求。应该问一些与你未来工作环境、岗位相关的问题。

> **划重点**
>
> 了解面试的基本程序、类型，知晓面试官的考察立足点，把握与面试官沟通的基本原则，这是作为求职者必备的知识储备。

即时演练

你去参加一场面试，整个面试过程都很顺利，面试接近尾声的时候中，面试官突然说，"你是应届毕业生呀，你的工作经验并不符合我们的职位要求，怎么还要应聘这个职位呢？"或者发问"与其他应聘者相比，你表现得好像很一般，你觉得自己哪个方面有明显不足？"想想，你该如何沉着应对？

任务实施

小丽接到面试通知后，准备用文心一言模拟面试官向自己提问，并根据自己的回答情况进行整体评价给出建议。请帮助小丽整理输入文心一言的内容，并进行虚拟面试。

对话思路		输入的内容
背景描述	面试的公司： 岗位的名称职责：	案例：我是一名学习护理专业的学生，马上参加××医院的护士岗位的面试，该岗位的需求是××××（注明岗位需求），你现在是这个岗位的面试官，对护士的岗位职责与要求非常熟悉，现在请你向我提出面试护士时常问的案例问题。
赋予身份	资深面试官	
生成题目	确定输出题目的类型与个数，如技术问题、行为问题、案例问题等	
回答评判	要求文心一言评价你回复的答案，并给出优化建议	

任务二 把握面试沟通要点

在面试中，如何做好自我介绍并与面试官进行有效的沟通，是面试成功的关键。面试的问题虽然千变万化，但万变不离其宗。面试表面看起来是个答题的过程，本质上是双方认知、熟悉和了解的过程。每个人都有自己的特长和不足，无论是在性格上还是在专业上都是这样，因此在面试时一定要注意扬我所长、避我所短，让自己成为面试官的首选之人。

任务情景

小军当天下午在××公司参加面试，面试现场有三位面试官，都是不苟言笑的样子，其中一位面试官做了简单的寒暄，对小军说"请你做个自我介绍吧"，小军完成了简单的自我介绍，对面的三名面试官接着就开始提问了，小军此时紧张极了，头脑一片空白……

> 面试中语言技巧使用的优劣，直接反映了应聘者的知识和修养。语言沟通技巧在自我介绍和问题回答中占据着很重要的地位。
>
> **敲黑板**

明确任务

小军作为应聘者，非常希望通过面试被招聘单位录用。如果在自我介绍环节就做得比较出彩的话，是很容易给面试官留下深刻的、美好的第一印象。回答问题时如何才能彰显个人才能，让自己在与面试官沟通的过程中落落大方，又需要掌握哪些面试的沟通策略，这是小军以及所有应聘者都应该认真学习的。

知识讲解

知识点一　留下美好的第一印象

自我介绍是应聘者向面试官展示自己的一个重要手段。自我介绍好不好，甚至关系到给面试官第一印象的好坏，直接影响是否可获取这份工作，这就是首因效应。面试官极有可能根据面试开始的几分钟得到的印象，便已决定了面试的结果。所以把握最开始3～5分钟的自我介绍时间，绝对是面试成功的必要手段。

自我介绍是展示自己获得职场初步认可的关键步骤。在这个过程中要让招聘单位了解到你的自身优势和个性特性，从而找到适合的人，实现双赢。

1. 把握分寸，自信自谦

把握分寸代表一个人待人处世的精神，热情、自信可以使旁人感到你做事的敬业、遇事的冷静处理能力。在面试过程中，需要表达出自己的经验和资格，用简单明了的语言来回答问题。千万不要因为一两个问题超出自己的知识能力范畴而变得不知所措。

面试过程中，表达要简洁、清楚、自信，同时注意观察面试官，如果出现了与面试官的看法不一致，不要据理力争，更不能直接反对，可以用诸如"是的，您说得也非常有道理，在这一点上您是阅历丰富的，不过我会这样处理这件事……"可以用类似的开头方式进行沟通。但在下结论时不要主动说与面试官的观点完全相反，要引导面试官自己做结论，这样就避开了与面试官直接发生冲突，又有效地把握了自己的分寸。

● 面试场景

> ⚠ **提示**
>
> 面试的过程中，面试官大多数时间是在意你回答问题的方式和方法，所以不要急于抢答，先听完面试官的问题，再思考如何回答，如果是专业知识，又确实是自己能力的盲点，应如实告知对方。若为观点态度的题目，尽量用既往例子来强调自己的观点，这样可以更好地展示自己的能力和经验。

2. 有针对性地排列内容次序

想要通过自我介绍引起面试官的重视，开头的前三句话，应是你最想让他记得的事情，这些事情通常都是你的得意之作或者光辉业绩。面试时，自我介绍内容的次序极其重要，是否能抓住面试官的注意力，全在于排序方式。做自我介绍时，口头汇报的各部分内容的排序应该与递交给企业的简历顺序一致，一般顺序为：个人信息—教育背景—工作/实践经历—技能特长—荣誉奖项—自我评价。为了给面试官留下深刻印象，更加明显地突出自己的特色或强项，应聘者可以根据个人情况将自己最有优势的一部分内容放在前面优先汇报。

提示

如果你所在的学校很好或专业是学校的王牌专业，可以优先突出毕业院校或专业，如果你的学校不够好，但专业和岗位很适合，那么就突出你的专业；如果你成绩一般，可以展示自己的学习能力、社交能力、社会兼职等，如果你有一两项与应聘岗位高度一致的专业资质，例如单位招聘设计师，你有相关技能证书；招聘办公室文员，你曾经参加学校办公软件应用大赛取得了比赛的一等奖……一定要有针对性。

在准备自我介绍的过程中，注意要凸显自己的特点，整个自我介绍的时间一般是1~3分钟，想要引起面试官的注意，在自我介绍过程中就要讲一讲自身所富有的特色在哪里，这里讲的特色并非你的文凭或者哪个工作单位鉴定你曾经是否合格，只要是能够让人认同你，觉得你有不同之处就行，当然最好能结合所应聘的岗位来阐述。注意与简历信息的一致性，避免冲突。写完自我介绍之后应该反复校对，检查语句是否通顺，表达是否妥当，是否尽善尽美。

提示

个人的自我介绍是一个在一切面试中都需要准备的问题，应聘者需要有一个固定的答案。走进面试室前在头脑中对这个问题要有个清晰的答案。最佳答案要能使你充分展现自己与众不同之处，以使自己在众多应聘者中脱颖而出。列出自己的四五项特点，用30秒陈述出来。

即时演练
"发现你的美"

以小组为单位，提炼每位同学的特点，首先用一个词，再用一句话解释这个词，请你列出队友三条及以上个人特点，并现场大声地告诉他。

3. 恰如其分地"投其所好"

对于面试官来说，参加面试并获得通过的考生在不远的将来就是单位的新人，他们希望这些新人能够更快地适应单位环境、踏实工作、坚守岗位，所以在面试的时候就会有意识地设计题目。面试过程中，我们需要根据对方的反应和反馈适时调整自己的行为和策略。如果对方对我们的提议不太感兴趣，或者对我们的行为感到不舒服，我们需要及时进行调整。如果对方不太喜欢某个话题，我们可以转换话题或者引入新的话题，以保持双方交流的顺畅和愉快。

总之，时刻观察对方的情况是一种非常重要的技巧，它可以帮助我们更好地理解他人、满足他人的需求、增进彼此的人际关系。通过了解对方的喜好、符合对方的口味、适时调整、保持真诚和持续关注这五个方面，我们可以更好地掌握与人相处的艺术，让我们的社交生活更加愉快和成功。

提示

面试题目中就有"你新到一个单位，同事对你不太信任，领导也只是让你做一些琐碎的事情，面对这种情况，你打算怎么做？"这种题目就是考察应聘者是否好高骛远、自以为是。或者提问你"你作为应届毕业生，没什么实际工作经验，所以安排你做半年的管培生，你怎么看"，这种提问一般考察应聘者是否具备学习能力，是否有奉献精神等。单位的新人一定要从基层做起，一是为了让新人充分了解单位的运作情况，二来也是单位在考察新人、锻炼其能力。必须记住一点，话题所到之处，突出自己对该公司可以做出的贡献与愿意配合自我成长，如可增加营业额、有效减低成本、发掘新市场等。

4. 幽默生动的语言表达

幽默是思想、学识、品质、智慧和机敏在语言中综合运用的成果。幽默语言是运用意味深长的诙谐语言抒发情感、传递信息，以引起听众的快慰和兴趣，从而感化听众、启迪听众的一种艺术手法。无论是在生活还是在职场，幽默风趣总是备受欢迎。

幽默感不仅可以促进人际关系的和谐，轻松处理各种矛盾，让周围的人产生愉悦感，更能让应聘者从专业水平相差无几的竞争者中脱颖而出。

很多时候幽默体现的是一种智慧，它必须建立在具有丰富知识的基础上。一个人只有拥有了广博的知识，才能做到谈资丰富、妙言成趣，从而做出恰当的比喻。培养深刻的洞察力，提高观察事物的能力，以恰当的比喻、诙谐的语言，使人们产生轻松的感觉。

幽默语言的运用包括套用名言、歇后语、典故、电影的经典桥段等，值得注意的一点，所提及的内容一定是众所周知的，用前半段引起惯性思维，突然发生转折，将其与自身联系到一起，达到幽默效果。如果使用得过于生僻，听众可能也是一头雾水。

广角镜

《当幸福来敲门》中克里斯·加纳准备去股票公司面试的前一天，在家中粉刷墙壁，没过多久就被警察带到了交警大队，因为克里斯·加纳一直没有钱缴罚单，所以在家刷墙的时候被警察抓走了。第二天放出来时来不及回家换衣服，衣衫不整的克里斯·加纳匆忙地跑到公司等待面试，面试应聘时，面试官问："你的衣服穿成这个样子，我们为什么录用你？""因为，我裤子穿得还不错吧……"结果可想而知，克里斯·加纳用自己幽默的话语陈述了自己这个模样的原因。

知识点二　现场面试的沟通要点

面试现场，一个人面对一个或者多个面试官的提问，这是最为常见的面试形式之一。面试官提出问题，应聘者根据提问作答，以展示自己的专业能力与综合素质。在这种面试条件下，面试官处于主动提问的位置，根据应聘者对问题的回答以及仪表仪态、肢体语言、在面试过程中的情绪反应等对应聘者的综合素质状况做出评价。应聘者一般是被动应答的姿态，不断地被面试官观察、询问、剖析、评价。

1. 稳定情绪，端庄稳重

面试过程中，注意克服紧张情绪。与面试官有适度的眼神交流，一般和面试官握手的时候对视一下，递简历的时候对视一下，回答问题的时候对视一下，说话强调重点的时候对视一下，道别的时候对视一下足矣。沟通过程中，不排除面试官用压力面试的方法来判断你的心理素质。所以即便与面试官的意见相左，也要心平气和地解释，要显得有耐心和涵养，而不是愤怒和据理力争。

2. 把握重点，简洁明了

与面试官沟通的重点是与职位相关的胜任能力，任何问题不要说起来没完没了，要切中要害、言简意赅，介绍内容有所侧重，不要说得和流水账一样，着重介绍能体现自己能力的地方，突出自己对单位所能做出的贡献。

3. 条理清楚，有理有据

沟通过程，首先要将自己的中心意思表达清晰，然后再做叙述和论证。注意说话的条理性，涉及叙述业绩和成果时，要有量化的数字，要有具体的证据，不要用笼统的"很好""基本上""挺多"等概述。例如可以使用"12天里，我一共组织开展了6场活动，撰写了12篇推文"，或者"我在内科病房实习的4周时间里，共完成了56次静脉输液操作"等。

4. 讲清原委，避免抽象

面试官的提问切不可简单地仅以"是"和"否"作答。应针对所提问题的不同回答，有的需要解释原因，有的需要说明程度。不讲原委，过于抽象地回答，往往不会给面试官留下具体的印象。比如可以使用"我之所以期待到贵公司工作，是因为……"这样的结构。

5. 厘清问题，答即所问

如果是因为没有听清楚面试官的问题，可以礼貌地请面试官再说一遍。如果你觉得对面试官的问题不甚理解，不妨将听到的内容，结合自己的理解复述一遍。这样能最大程度保证你对题目的理解，不至于出现"答非所问"的情况。如果面试官一连问了好几个问题，回答时可以这样说"我先回答您的第一个问题……，那么针对您说的第二个问题……"

6. 见解独到，彰显特色

面试官相同的问题需要问若干遍，类似的回答也要听若干遍。因此，面试官会有乏味、枯燥之感。只有具有独到的个人见解和个人特色的回答才会让人印象深刻。在发表了针对某个问题的见解后，这时候最好用委婉的语气补充说明"这是个人的一点拙见，还望您不吝赐教"，一来体现了谦虚的交流态度，二来可以请面试官在这个问题上补充发言，达到良好的互动。

7. 语言得体，理智应答

面试中，语言表达要求做到得体。面试答题应尽量通俗易懂，多用口语化的语言和明快的短句。要掌握答题的思维技巧，遣词造句要能准确表情达意，如实反映自己的思想。切忌故弄玄虚、华而不实和生僻词语。

任务实施

实践活动——自我介绍

一般情况下，自我介绍时按照"个人信息—教育背景—工作/实践经历—技能特长—荣誉奖项—自我评价"的顺序来汇报，请结合本部分的学习，撰写300字左右的个人自我介绍，并选取部分同学的自我介绍在全班展示汇报，时间不超过3分钟，老师和同学进行点评。

任务练习与思考

模拟面试

请你结合本部分的学习，以小组为单位，组织一场模拟面试，1~3名同学扮演面试官，准备3~5道面试题，2名同学扮演应聘者，组织一场面试。每位应聘者的面试时间不超过8分钟。可根据面试过程的需要，灵活运用沟通策略。

> **划重点**
>
> 现场面试中做好自我介绍，把握沟通要点，出色回答问题，至关重要。

任务三 破解面试常见问题

招聘单位为了选拔出适用的人才，不仅要审查应聘者的文凭、各类职业资格证书和工作经验等，更重要的是要通过面对面的交流，观察应聘者的精神面貌、语言表达、思维逻辑、应变能力、情绪稳定性等综合素质。如何在众多的应聘者中脱颖而出、赢得信任，在遇到棘手和难以回答的问题时，如何能有效应对、化解难题、摆脱困境，这就需要掌握一些方法和技巧。

任务情景

小强是班长，又是学生会的宣传委员，在班里有着很强的号召力，同时他还是校篮球队的主力队员，很多同学都非常仰慕他，这也使他优越感十足。毕业时，老师根据小强的在校表现给他推荐了一家十分理想的国有企业，小强非常高兴，在这家企业的官网上浏览了好几天，仿佛自己已经是企业的一员了。一周后对方通知他去参加面试。

面试当天，小强精心打扮一番，信心十足地进入面试现场。当面试官让他介绍一下自己时，他滔滔不绝地说起了自己当班长、当学生会宣传委员、当篮球队员时个人的出色表现和取得的成绩，丝毫没有提及团队和伙伴。面试官不得不打断他，又问了下一个问题："你对我们的企业了解多少？"这下又引起了小强的兴奋，为了展示他的管理能力，他把这几天在企业网站上看到的一些关于企业新闻、企业动态、员工活动等内容联系到一起，一边谈对企业的了解，一边还时不时地冒出"这个活动要是让我组织就会……""我觉得这件事情应该……"。直到面试结束，小强始终自我感觉良好，认为自己表现得非常完美。令他意想不到的是，面试结束后他迟迟没有收到录用通知。

明确任务

请帮小强分析一下，企业为什么最终没有选择他呢？

> 在与面试官的交谈中有哪些禁忌是不能触碰的？我们应该如何恰当得体地回答面试官提出的问题？
>
>
> **敲黑板**

知识讲解

知识点一　面试交谈的禁忌

交谈是应聘者在面试中与面试官传递信息、交流思想的重要手段，应聘者要以真诚得体的交谈方式给对方留下深刻的印象，从而提高自己的竞争力。小强之所以被淘汰，是因为他在回答面试官的问题时，触碰到了面试交谈的一些禁忌。面试的禁忌如下图所示。

面试中，应聘者应把握以下交谈原则。

1. 谨言慎行

应聘者首先应该给人以诚实稳重、认真踏实感觉，在自我介绍和回答问题时，要真诚坦率，言简意赅。在面试场合，一定要慎言。对自己经历及能力的表述应简明扼要，适可而止。

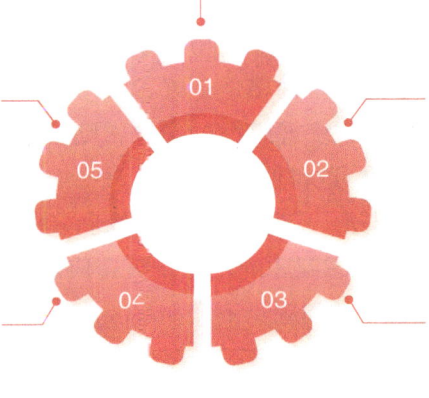

● 面试的禁忌

2. 仔细倾听

在别人说话时仔细聆听，认真领会，不打断，不插话是最基本的礼貌，更何况是在面试过程中。无论你多么急于回答问题，都要听面试官把问题说问完，多么急需解释说明，都要等面试官把话说完。否则你的"强势"会给你贴上一个"咄咄逼人，难以相处"的标签，你会因此而失去这次机会。

3. 注重逻辑

逻辑性就是把你的想法通过语言清晰地、有层次地叙述出来。简单来说就是能够通过分条、分点、分层、分类等形式逐级、逐项表达，如"第一，第二，第三""首先，其次，再次"等。这就需要我们平时要加强思维逻辑训练，面对问题时才能镇定自若，快速反应。比如，"我想回答几个要点""每个要点有几个环节""每个环节分几步展开"等。条件允许的话可以将提纲写在纸上，帮助自己理清层次，记住要点。做到这些你就会从众多应聘者中脱颖而出，赢得机会。

4. 坦诚自信

参加面试的主要目的是"推销"自己，要把自己积极开朗、坦诚自信的一面展示给对方。如果始终保持沉默，甚至胆怯，那么面试官将失去继续了解你的兴趣，你此次的求职之路也将就此终结。

即时讨论

请同学们分析一下，在任务情景中，小强在回答面试官的问题时，都触碰到了哪些禁忌？如果是你会怎样回答这些问题？

你还能列出哪些面试现场比较忌讳出现的情况或现象？

知识点二　面试中最常提出的问题

知识拓展：
面试的提问方式

在面试时，面试官会从招聘单位的管理、效益、文化等多角度出发，结合职业岗位的特点，对应聘者提出一些问题，来评估应聘者与行业（企业）文化或岗位要求的契合度。例如对稳定性要求较高的岗位，可能会通过询问职业经历、职业规划等问题来判断应聘者的稳定性；对技能要求较高的岗位，可能会通过了解性格、爱好、成绩等来判断应聘者是否能专注于某一事项或技能；对于需要多方沟通协调、统筹组织的岗位，则会通过关注应聘者的阐述过程、表达能力来判断是否有协调性、条理性、逻辑性等。

总之，面对面试官提出的问题，应聘者一定要做到心中有数，不要不知所措。即使面对从没思考过的问题，都应该保持冷静，综合考虑问题的用意，沉着应对。当然，这些临场发挥的应变能力离不开日积月累的学习和锻炼。面试中常见的问题见下表。

序号	常见问题	回答提示	回答禁忌
1	请简要介绍你自己	1）介绍内容要与简历基本保持一致，但不要原封不动背诵简历 2）要直奔主题，把自己最突出、最出色的优点和特点展示出来，最好有数据、业绩、成果做依据，避免给人留下浮夸的印象 3）条理要清晰，层次要分明 4）最好在面试前准备好答题要点或发言提纲备用	1）现场介绍与简介不符，甚至有矛盾 2）原封不动背诵简历
2	你有什么业余爱好吗？	1）尽量展示自己那些有特点、有个性、健康、积极的业余爱好 2）最好能有一些户外的业余爱好来"修饰"你的形象 3）如果实在没有什么业余爱好，也可以把读书、听音乐、唱歌等当成自己的业余爱好	1）我没有什么业余爱好 2）我什么都喜欢（不喜欢）
3	你怎么看待加班问题？	1）如果是工作需要或有突发任务，能够接受合理的加班安排 2）如果自己的工作确实没有完成，加班是应该的，但自己会努力提高工作效率，减少不必要的加班	1）没问题，我随时都可以加班 2）我拒绝（不接受）加班
4	你对工资待遇的期望是什么？	1）表明自己的态度，强调自己能够给公司带来的价值，并一定会让公司满意 2）相信公司会对自己的付出给予合理的薪酬待遇	除非必要，尽量不要提出具体的数字
5	你的职业规划是什么？	1）对于刚刚步入职场的新人来说，首先要表明自己脚踏实地、虚心好学的工作态度 2）同时要在专业技能、业务水平上积极进取，全心投入 3）另外希望企业多给自己学习锻炼、参与实践的机会 4）相信通过自己的努力一定会给企业带来更大的价值，也相信企业一定会给自己提供更大的发展空间 5）随着工作经验的不断丰富，我未来的发展目标会更加清晰，更加坚定	1）这个我没想过 2）我听从领导的安排 3）我对这项工作还不太了解

📝 任务实施

准备一些面试时可能会被问到的问题并写在卡片上，每组选派一名同学抽签后回答卡片上的问题。例如：

● 现场演练面试

1）谈谈你最大的缺点（优点）是什么？
2）你希望和什么样的领导共事？
3）你在工作中遇到了困难会怎么做？
4）为什么要应聘我们公司？
5）你如何看待员工跳槽问题？
6）你平时都喜欢看什么书（或听什么歌、看哪类电影）？

老师和同学一起从以下两点对每位回答问题的同学进行点评：
1）条理、逻辑是否清晰，能否做到层次分明，重点突出。
2）语言表达是否简练准确，能否做到语言生动，言简意赅。

> **✏️ 划重点**
>
> 每一次面试，都会或多或少地遇到一些问题，也多少会留有一些遗憾。只有在平时的生活实践中不断地积累资料、总结经验，才能在面试中见招拆招，得心应手地破解面试中遇到的各种难题。

❓ 任务练习与思考

提前备战面试中的棘手问题：

1）每位同学都尽可能多地收集面试时面试官经常会提出的问题。
2）对问题进行分类整理，如与应聘者有关的问题，与招聘单位有关的问题，与职业有关的问题，与家庭有关的问题等。
3）通过上网查询或与同学讨论，逐条列出自己认为的最佳回答方案。
4）同学之间自愿相互交流，供同学在面试时参考。

面试，是应聘过程中不可缺少的重要环节，面试官通过与应聘者进行面对面的交流和观察，能够较为直观、全面地了解应聘者的精神面貌、知识能力、个性品质等综合素质，并在此基础上对应聘者的职业匹配度、适应性和贡献度进行评估判断，从而甄选出最合适的入职人选。

面试，是锻炼应聘者思辨能力、反应能力、应变能力的绝佳舞台，你不能决定结果，但可以把握过程。希望每位同学都能够用自己的才华和自信成功地敲开通往职场的大门。

项目四　营造和谐向上的工作氛围——职场沟通

项目导语

沟通是人与人之间在日常工作、生活中最基本的传递思想的方式。进入职场，处理好方方面面的关系至关重要。职场中沟通能力是最重要的工作能力之一，沟通能力的高低直接影响个人事业的成败。职场沟通的质量直接决定工作效率，与领导、同事、客户、合作伙伴等沟通顺畅，能够使大家相处融洽，相互配合，高效有序开展工作，有利于个人获得大家的认可，更有利于各项工作的顺利开展。职场沟通能力不是先天具备的，而是一种需要勤加练习的技能，要靠后天努力习得。掌握职场沟通策略，将帮助你建立良好的人际关系，获得事业成功。

项目构成

任务一：建立良好关系（同事沟通）
任务二：赢得客户信任（服务对象沟通）
任务三：实现合作共赢（群体沟通）

项目目标

知识目标

认识职场沟通的类型、意义和作用。

技能目标

学会与同事沟通，掌握上行沟通、下行沟通、平行沟通的策略；
学会与服务对象沟通，维护并拓展客户资源；
掌握会议和谈判技巧，有效开展群体协作。

素养目标

提高沟通能力，改善人际关系，赢得尊重和信任。

任务一　建立良好关系（同事沟通）

同事之间既是合作者，又是潜在的竞争者。与同事和谐相处，高效沟通，有利于提高组织凝聚力，形成团结友好的工作氛围。反之则可能造成工作秩序混乱、互相推卸责任甚至互相诋毁等现象，久而久之将对整个组织的风气造成不良影响。

任务情景

苏燕是一家旅游公司的销售代表,入职五年来一直业绩平平,职位更是原地踏步,未曾晋升。部门经理对其印象模糊,只记得她是个内向的姑娘,不善言谈,很少主动向领导汇报工作,好像刻意躲避领导。周围同事对其褒贬不一,有的说她老实本分,有的却说她自私自利,不关己事不开口。

明确任务

苏燕入职五年之所以不能融入团队,得不到领导与同事的认可,主要短板在于职场沟通能力的欠缺,既做不到向上沟通,也难以获得同事的支持和配合。那么,她应该怎样提高职场沟通能力呢?

知识讲解

作为职场人,必须具备沟通意识,善于主动沟通,在向上、向下、平行沟通过程中,通过不同的沟通方式和技巧,使沟通更有效。

> 与上级沟通应注意哪些问题?怎样沟通能够使同事更加配合自己?
> 如何能让下级心悦诚服?
>
>
> 敲黑板

知识点一　向上沟通

向上沟通是指在组织内部,由下级发起并向上级报告工作进展、提出意见建议、寻求帮助支持、表达诉求意愿等的过程或活动。向上沟通是下级参与管理,使上级了解自身看法与期待的重要方式,也是向上级展现自身能力和担当的重要途径。向上沟通的效果会影响领导对下级的判断,甚至可能左右一个人的晋升机会与发展空间。任务情景中苏燕刻意回避与部门经理接触,不主动汇报工作,工作业绩也一般,很难给领导留下深刻印象,自然也就谈不上晋升。因此,无论是初入职场的新员工,还是在职场历练多年的老员工,都必须掌握向上沟通的技巧。

1. 向上沟通的四种类型

一般来说,向上沟通可以分为请示、汇报、建议、商讨四种类型,如下图所示。

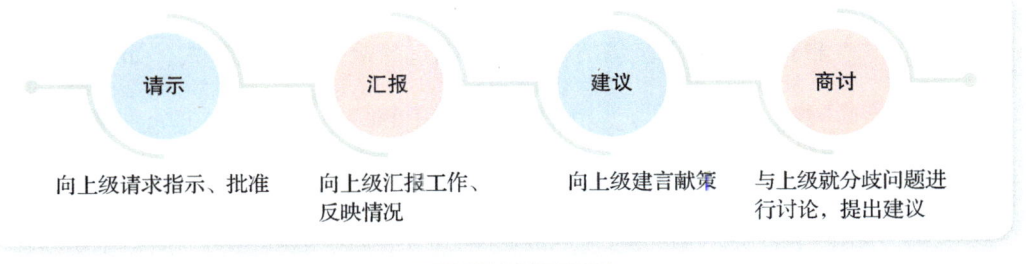

- 请示：向上级请求指示、批准
- 汇报：向上级汇报工作、反映情况
- 建议：向上级建言献策
- 商讨：与上级就分歧问题进行讨论,提出建议

● 向上沟通的类型

2. 向上沟通的策略

向上沟通的核心要点在于以尊重为基础,找到合适的沟通渠道及机制,主动询问、主动汇报、主动反馈。

(1) 尊重领导权威　领导需要威信,无论上级还是下级,都应自觉维护领导权威,确保团队拥有强有力的领导核心。尊重领导,很重要的一点就是不要无视领导的存在和感受。诸如越级上报、自作主张、反向指挥等行为，都是不尊重领导的表现。

（2）态度不卑不亢　领导与下属只是职能分工有上下级之别，但在人格上是平等的。作为下级，沟通时既要给予领导足够的尊重，也要自尊自信，没必要唯唯诺诺、噤若寒蝉，更不要阿谀谄媚、曲意逢迎。不卑不亢、冷静客观，才是有效沟通的正确态度。

（3）及时、主动沟通　首先沟通要及时。单位越大，层级越多，事务越复杂。如果信息沟通不畅，出现延迟，下级出现的问题反馈到上级，上级再做出决策、发出指令所用的周期也就越长，这将严重影响工作进度，甚至造成损失。因此，应及时沟通，使信息最大限度地保持同步透明，以便工作高效开展。

其次沟通要主动。不要等着领导来问你，"闷声干大事"并非上策。领导日理万机，不可能事无巨细盯住每个细节，但他一定关心工作的进展和效果。这就需要下属主动梳理工作重点，将任务进度、质量、结果、困难等及时反馈给领导，使领导放心，也方便领导灵活调整进一步的工作部署。

（4）做好充分准备　一是对手头工作有充分准备。既然是主动发起的沟通，那么就要对自己承担的工作有十足把握，避免出现"一问三不知"的尴尬局面，给领导留下糊涂敷衍的不良印象。

二是对领导的个人风格有充分准备。不同个人风格的领导及其特点如下图所示。面对不同类型的领导，沟通时应采取不同的策略。对于行动派领导，沟通时要简明扼要，直截了当，突出结论和要点。对于思考派领导，沟通时要有详细的数据和充分的细节支撑。感觉派领导享受被需要的感觉，喜欢与下属共同行动，在与之沟通时不用谨小慎微，但话语务必真心诚意、言之有物。向协调派领导提交方案，要有明确的步骤，以便顺利通过。

● 不同个人风格的领导及其特点

（5）选择恰当方式　根据事情轻重缓急的程度，可以选择恰当的沟通方式，如下图所示。

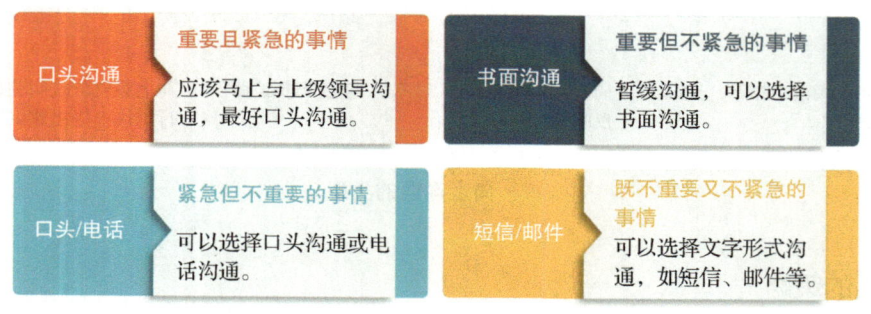

● 不同事情的沟通方式

当然，为了使沟通更加有效率，有时可以同时使用多种沟通方式。比如，特别紧急的事件，可以在第一时间向领导口头汇报，获得领导的理解与支持，随后再补充一份纸质材料（书面沟通）以备案。此外，电话也是一种比较常用的沟通媒介，但电话沟通有一个很大的弊端，即无法直观感受对方的情绪变化以及周围的环境情况，因此除非紧急情况，尽量不要打电话向上级领导汇报与请示，特别是在非工作时间。

（6）注意时机分寸 一是把握好沟通时机。子曰："言未及之而言谓之躁，言及之而不言谓之隐，未见颜色而言谓之瞽。"意思就是，没有轮到发言而发言，叫作急躁；该发言时却不发言，叫作隐瞒；不看别人的脸色而贸然说话，叫作盲目。可见说话应择时择人，视情况而定。

二是拿捏分寸。讲话点到即止，不说过头的话，不替领导做决定，不越级言事。需要指正领导的错误或提出反对意见时，措辞应委婉礼貌，不宜太过生硬耿直，让人下不来台。

知识链接

给上级提建议时，要考虑周全，想好对策；简洁明了，重点突出；有理有据，合情合理。同时也要注意右图的要点。

● 给上级提建议的要点

即时演练

遇到以下情况，该如何与上级沟通？
1）需要向上级汇报一个坏消息，如何开头？
2）上级交给你一项重要任务，怎样回应能体现你靠谱、值得信任？
3）上级询问你业务相关问题，你一时答不上来，如何回应？
4）你工作很忙，上级又给你布置了新任务，怎样让上级知道自己的工作量已经很重？

即时演练：
参考答案

知识点二　向下沟通

向下沟通是上级向下级传达指示、分配任务、解释政策、提供指导、反馈评价等的过程或活动。向下沟通的最终目的是使下级知晓并理解上级意图和思路，调动下级工作积极性，从而带着饱满的热情和强烈的事业心高效、有序地展开工作。做好向下沟通，是每一名优秀管理者的必修课。

向下沟通的核心要点在于和下级沟通时，要说事情、谈人情、聊心情，真心实意地让对方知道他有多重要。做好向下沟通，应遵循以下原则。

1. 平等相待，尊重下级

平等、尊重是沟通的前提。上级应把自己视为团队的一员，是领头羊，而不是站在群众的对立面。上级通常都是从业务骨干中提拔出来的，自身必定有过人之处，掌握一定权力后，难免会产生一些优越感，但这不是藐视下级、盛气凌人的理由。在人格上，人与人生而平等。抱持这种观点，自然就会尊重每一个个体。下级感受到被尊重，才会敞开心扉与上级沟通，充分表达自己的意见、建议与诉求，团队才能消除隔膜，团结一心。与下级沟通的要点有放下身段，态度亲和；深入基层，常来常往；荣辱与共，和衷共济，如下图所示。

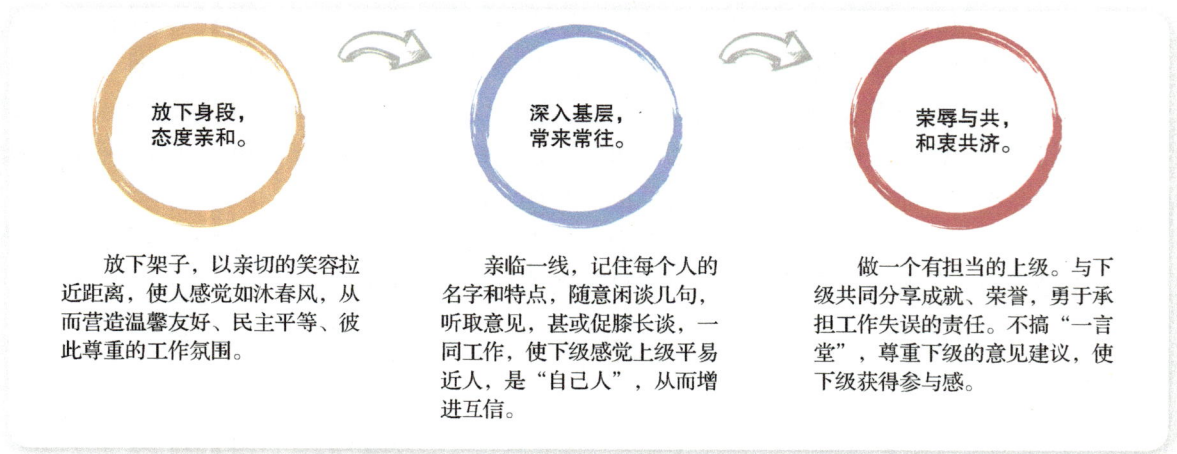

● 与下级沟通的要点

2. 指令明确，指导下级

上级部署工作，务必经过深思熟虑，方案成熟后再布置下去，并且保持一定稳定性，不可朝令夕改。上级提出的指令要清晰、明确、具体、有依据、可执行，传达指令可以使用"5W2H"模式，如下图所示。

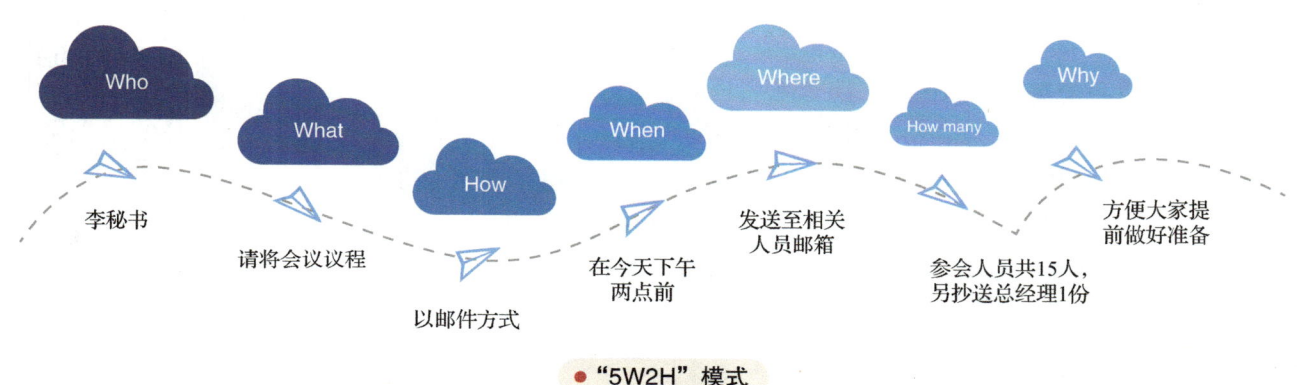

● "5W2H"模式

当下级工作遭遇困境时，上级应对其进行指导帮助，提供必要的资源支持，站在更宏观的角度帮助下属分析问题、解决问题。

3. 真诚友好，关心下级

关心下级的身心健康和家庭生活，体恤下级的难处，给予必要的精神和经济支持。在工作中帮助、珍视、爱护下级，工作之余开展一些有益身心的活动，帮助大家舒缓压力，放松心情。以诚待人、以情感人、以德服人、释放善意，使下级增强归属感，自愿拥戴、追随上级，从而加强团队情感纽带，提高集体凝聚力。

4. 赞扬肯定，激励下级

正向反馈比负向反馈有更强的激励作用。上级需有一双慧眼，识别下级的闪光点，挖掘下级的潜力，在下级取得进步时及时送上真诚的赞美，这会使下级信心百倍，干劲十足。赞扬下级的技巧如下图所示。

赞扬宜具体	例如：××，这份简报写得太棒了！还得是你！ 让下级感到被赏识、被器重。
赞扬宜当众	例如：本季度××业绩最佳，大家向他学习。 公开赞扬能使下级获得更普遍的认可，激励作用更强。
物质不可少	例如：××，这段时间辛苦了，奖励出国游一次，放松放松。 物质激励与精神激励相辅相成，能进一步调动下级的工作积极性与创造性。

● 赞扬下级的技巧

5. 集思广益，善纳忠言

"兼听则明，偏听则暗。"作为上级，要从谏如流，认真听取下级的意见、建议，允许存在反对声音，甚至鼓励下级提出不同意见，发挥集体的智慧。上级应为下级提供畅所欲言的机会，自己少说多听，不马上做评价，避免给下级带来干扰。另外，上级要有独立思考能力和判断力，做好信息甄别，能够从林林总总的意见中提炼出真正有价值的、有建设性意义的部分，加以吸收利用，从而为团队不断注入新思想，开拓新思路。听取意见的要点如右图所示。

● 听取意见的要点

6. 推心置腹，恰当批评

"金无足赤，人无完人。"下级失误犯错在所难免。如果下级过失重大，要按规章制度追究责任。但如果下级所犯错误在可控范围之内，并能从错误中吸取教训，就不要过分苛责，而是应该与下级一起总结经验，帮助其将工作做得更好，取得更大进步。

下级有错，批评不可少，但要适度适时适地。批评下级应注意以下几点。

1）不当众批评。
2）对事不对人。
3）确保证据确凿。
4）保持冷静克制。
5）共同面对问题。

知识链接：
批评下级的注意事项

7. 宽容大度，消除误会

由于在组织中各人所承担的角色不同，以及在价值观、人生阅历、知识经验等方面存在一定的差异，上下级对同一事物产生不同的认知在所难免。要消除误解，可以考虑从两方面入手。一方面，上级应该建立通畅有效的信息沟通与反馈机制，确保下级有向上级反映的渠道与途径。另一方面，如果上级意识到和下级存在误解，要查找并弄清下级误解的原因，为采取果断的、有针对性的化解之道做好基础。更重要的是，上级应就误解产生的根源和下级坦诚交流、认真沟通，耐心倾听其心声，真心解释其不解与疑问，化干戈为玉帛，重回上下一心、团结和谐的上下级关系模式。

上级可以自己充当"导师"角色，对下级进行带教，使下级在工作中边做边学、快速成长，这种学习方法叫作"OJT（On the Job Training）"，即"在岗辅导"，分为学习准备、传授工作、尝试练习、检验成效四个阶段。

"在岗辅导"四个阶段的内容如下图所示。

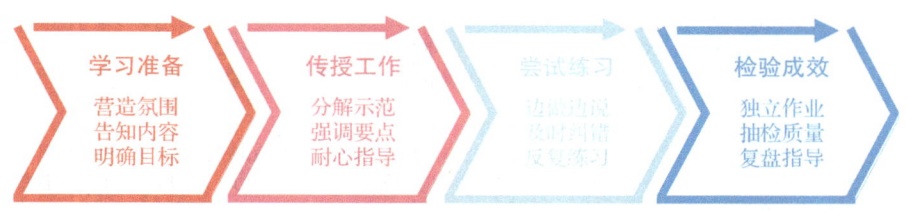

● "在岗辅导"四个阶段的内容

上级对下级的栽培是一项长期任务，随着时间的推移，下属对领导的信赖会越发强烈。

情景模拟

一人扮演部门负责人王经理，一人扮演职场新人小刘，针对以下情景展开模拟对话：

1) 小刘生性腼腆，遇见领导总是绕道而行，王经理主动与小刘闲谈，拉近彼此距离。

2) 王经理下午要会见合作方张经理，需要小刘做接待工作。运用"5W2H"模型，向小刘传达工作指示。

知识点三　平行沟通

平行沟通，又称横向沟通或水平沟通，指组织内同层级或部门间的沟通。平行沟通顺畅与否，直接影响组织运行效果。任务情景中，苏燕的同事认为她自私自利，是因为在一部分人眼中，她没有很好地与大家形成配合，其中或许存在误会，但苏燕没有做好平行沟通，任由这种负面评价蔓延，这对自己的发展是非常不利的。良好的平行沟通，可以提高工作效率，增进相互了解，增强团队凝聚力和向心力，改善工作氛围。相反，如果平行沟通受阻，就会造成组织混乱、推诿塞责的现象，打击团队士气。

平行沟通的核心要点在于要充分洞悉他人的立场，在兼顾对方立场的基础上，主动沟通，让对方充分理解自己的想法，同时兼顾双方利益，让对方更好地配合自己完成工作。

平行沟通应把握如下原则：

1) 大局为重，他人优先。

2) 换位思考，将心比心。

3) 开诚布公，赢得信任。

4) 求同存异，合作共赢。

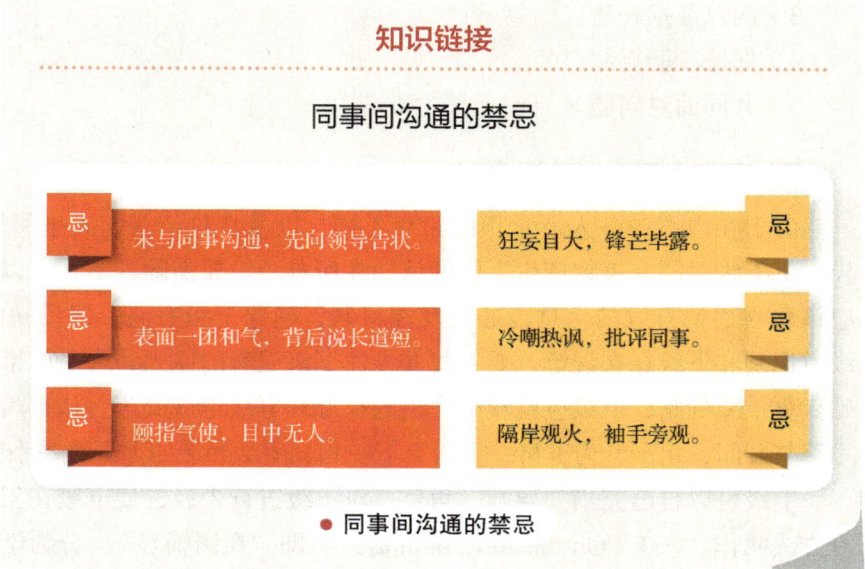

● 同事间沟通的禁忌

知识链接：
平行沟通原则

任务实施

假如你是苏燕的领导,为了提升苏燕的工作积极性,要进行一场向下沟通。你会准备哪些沟通的内容?试着补充右图。

中心思想:提升员工工作积极性
- 明确现状 _____
- 分析原因 _____
- 设定目标 _____
- 提供支持和资源 _____
- 建立反馈机制 _____

划重点

"世事洞明皆学问,人情练达即文章。"做好职场沟通,将为你的职场生涯插上腾飞的翅膀。与同事沟通的知识要点如下:

与同事沟通
- 向上沟通
  - 类型:请示、汇报、建议、商讨
  - 策略:尊重领导权威、态度不卑不亢、及时、主动沟通、做好充分准备、选择恰当方式、注意时机分寸
- 向下沟通 —— 原则
  - 平等相待,尊重下级
  - 指令明确,指导下级
  - 真诚友好,关心下级
  - 赞扬肯定,激励下级
  - 集思广益,善纳忠言
  - 推心置腹,恰当批评
  - 宽容大度,消除误会
- 平行沟通 —— 原则
  - 大局为重,他人优先
  - 换位思考,将心比心
  - 开诚布公,赢得信任
  - 求同存异,合作共赢

任务练习与思考

刘伟是财务部门负责人,最近他手下一名会计小王总是精神恍惚、心事重重,连续转错了两笔款项,刘伟准备找他谈谈。请联系实际,将二人的对话补写完整。

刘伟:小王,我看你好像精神不太好,楼下新开了家咖啡馆,听说不错,我请你去喝一杯。
小王:谢谢刘总,我请您吧,走。

任务二 赢得客户信任(服务对象沟通)

随着我国经济的不断发展,各行各业都认识到客户是最重要的资源之一,在企业从产品导向转为客户导向的今天,客户的选择在一定意义上可以决定一个企业的命运。所以全面建立与维护良好的客户关系已成为大家的共识。与客户建立持久、友好、互信的关系，有利于工作的长期开展，也有利于个人和单位的长远发展。赢得客户信任，沟通必不可少，读懂客户的真实需求，是顺利开展业务的基础。

任务情景

强薇是国内一家知名护肤品品牌销售人员，凭借良好的销售业绩，仅用两年时间便从普通店员做到了店长。同事都对她的进步羡慕不已，纷纷向她请教销售秘籍。强薇也非常乐于分享，将自己的工作手册给同事们传阅。大家发现手册上有详细的客户信息及沟通记录和整理，有针对客户投诉详尽的复盘。一些大客户她会定期登门拜访，而零散客户她也小心维护，逢年过节都会发送祝福短信。大家看后表示强店长果然强。那么，强薇具体强在哪些方面呢？

明确任务

好业绩源自好沟通，任务情景中强薇是一名优秀的销售人员，她为了更好地了解客户需求，特意编写了工作手册，同时通过沟通来增进情谊，激励客户，实现双赢。那么，你作为未来的职场人，知道应该如何与客户沟通吗？

> 与服务对象沟通，重点谈什么？谈话目的是什么？怎样使沟通更顺畅、更奏效？遭遇投诉怎么办？
>
> **敲黑板**

知识讲解

任务情景中强薇对客户信息的整理是其成功的第一步。与服务对象沟通，要明确沟通的内容和作用，掌握沟通途径和策略，妥善处理客户投诉，努力做到令客户满意。

知识点一　内容和作用

客户沟通或称服务对象沟通，是服务人员与客户（服务对象）进行思想交换，使双方相互了解并协调行动的一个过程。沟通内容包括信息交换、情感搭建、理念认同、接受反馈意见等。其作用和目的是通过高效沟通，加强双方互信，增进彼此感情，消除意见误会，维护良好关系，拓展服务范围，实现长远合作。与客户沟通的要点如下图所示。

● 与客户沟通的要点

在与客户充分沟通的基础上，要对客户信息进行梳理，形成一套客户数据库，进行数据分析，为高价值客户提供有针对性的优质服务，对有远离倾向的客户及时挽留。

即时讨论

整理客户信息，应包含哪些内容？

📖 知识点二　途径和策略

在市场竞争日益激烈的今天，几乎每位从业人员都必须掌握一些与客户沟通的技巧策略，才能更好地开展工作。与客户进行良好沟通，有助于建立信任，有助于完善自身产品或服务，提高自身的工作效率，提高企业形象。

任务情景中，强薇能够根据客户性质选择恰当的沟通方式，维系了良好的客户关系。

1. 沟通途径

（1）**当面沟通**　当面沟通可能有多种形式，比如正式登门拜访，或请客户吃饭、游玩，及举办答谢会等。当面沟通更易于深入交流探讨，可以直接观察到客户的表情动作，从而判断客户心理。对于大客户和新发展的客户，应登门拜访，以示诚意。当面沟通时应注意个人形象、言谈举止，给客户留下真诚、可靠、有才干的好印象，从而赢得客户信任。与客户面谈时可以带一份小礼物，无需贵重，表达心意即可，如右图所示。

● 与客户面谈时可赠送小礼物

（2）**电话沟通**　重要的事情离不开电话沟通，与客户的电话内容要聚焦业务工作，简明扼要，通话时间不宜过长，凡事过犹不及。语言要礼貌客气，挂断电话时应等客户先挂，自己后挂。

（3）**网络沟通**　网络沟通可以使互动与交流更加便捷高效，但使用各种通信软件时要注意相应的礼仪规范，比如用语简洁准确、慎发语音、不过度打扰等。开发本单位的微信公众号、小程序等，可以为客户提供最短的服务路径，增加客户黏性。

网络直播互动性更强，客户通过实时聊天、发弹幕等方式参与直播，足不出户却能获得相对真实的体验感，快速实现信息交换。直播时要注意保持画面稳定，衣着整洁，语言得体，及时回应客户消息。

（4）**书面沟通**　书面沟通一般用于已经建立联系的客户，谈妥某项合作、节日或生日慰问以电子邮件、信函形式传输，方便存档、查阅。

无论采用何种沟通方式，都应注意社交礼仪，稍不注意就可能弄巧成拙。

首先，客户的名字和职位要准确。特别是当面沟通时，一张口就叫错名字是非常尴尬的，会让客户认为你根本不重视他。如果名字中包含生僻字或多音字，应提前做好功课，查字典读准字音。

其次，了解客户宗教信仰、民族特点，尊重地方风俗习惯，入乡随俗，客随主便，避免因不合时宜的言谈而招致对方反感。

最后，谈话时要专心致志，保持适度社交距离和眼神交流，关注客户状态，及时予以回应，使客户感到受重视、被关心。

2. 沟通策略

与客户沟通的策略有表达得体、少说多听、拉近距离、问题导向、引导话题、适可而止等，如下图所示。

知识链接:
与客户沟通的策略

● 与客户沟通的策略

即时演练

使用问题导向法向客户做出回应。

客户：你家的洗碗机比别家贵一倍！

销售人员：您看我们家的洗碗机跟传统洗碗机开门方式有什么不同？

客户：你们家这个像抽屉一样可以拉开，不像那种前开门的还得弯腰，倒是挺方便。

销售人员：您再看……

_____
_____
_____

知识点三　妥善处理服务对象投诉

在任务情景中，强薇的手册中着重记录了客户投诉事件，并且有复盘推演，这有助于她吸取经验教训，总结规律，不断提高服务水平。当产品或服务没有达到客户的期望或没有满足客户的需求时，可能会招致客户的投诉。面对投诉应妥善处理，争取解除误会，化解矛盾，提高客户满意度。

1. 头脑冷静，态度友好

良好的态度是服务的基础。两个人的沟通70%是依靠情绪，30%是依靠内容。情绪不对，说再多也是徒劳。沟通的目的是解决问题。所以遭遇投诉时，一定要冷静克制，保持清醒，保持风度，面带微笑，语气温和，讲话有分寸，以真诚、友好的态度面对客户，耐心解答客户疑问。

2. 了解诉求，分析原因

了解客户具体对哪方面不满意，是服务人员的态度欠佳，还是产品质量与预期不符，或者产品价格出现波动等。掌握客户的真实诉求和期望，分析导致投诉的根本原因，己方是否确实存在问题，再对症下药。有时，客户投诉仅仅是出于个人原因发泄情绪，此时也应耐心安抚。

3. 解决问题，改进提高

一旦核实投诉确属己方责任，应立即采取行动，改善服务，使客户获得及时、迅速的反馈，使客户感受到己方的尊重和诚意，避免负面评价进一步蔓延而使己方遭受更大损失。

4. 追踪后续，预防为主

建立投诉档案，记录投诉发生时间、原因、处理经过及结果等，一方面可以为日后处理投诉事件提供参考，另一方面通过对投诉信息的分析归纳，可以及时发现服务中存在的问题，有针对性地加强检查、监督，防患于未然。

知识链接：
与客户沟通的禁忌

任务实施

强薇在向用户介绍护肤品时，善用 FABE 框架，在客户的角度清楚陈述利益点。请你使用 FABE 框架，补充下图内容，向客户推销一款扫地机器人。

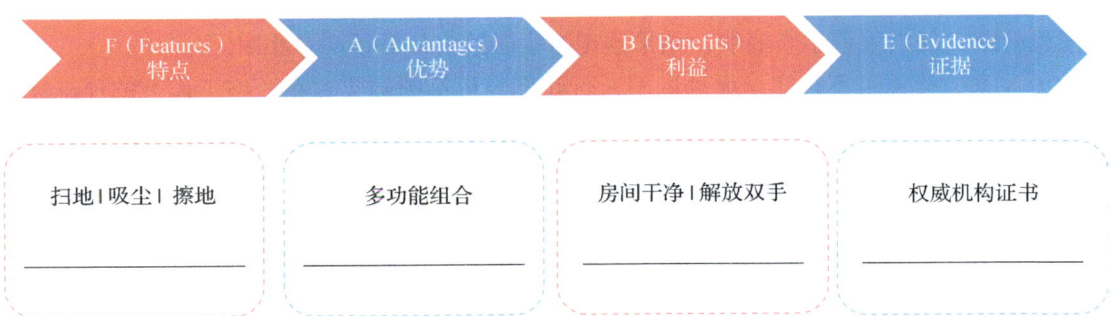

划重点

沟通要讲究方式方法，防止沟而不通。与服务对象沟通的知识要点如下：

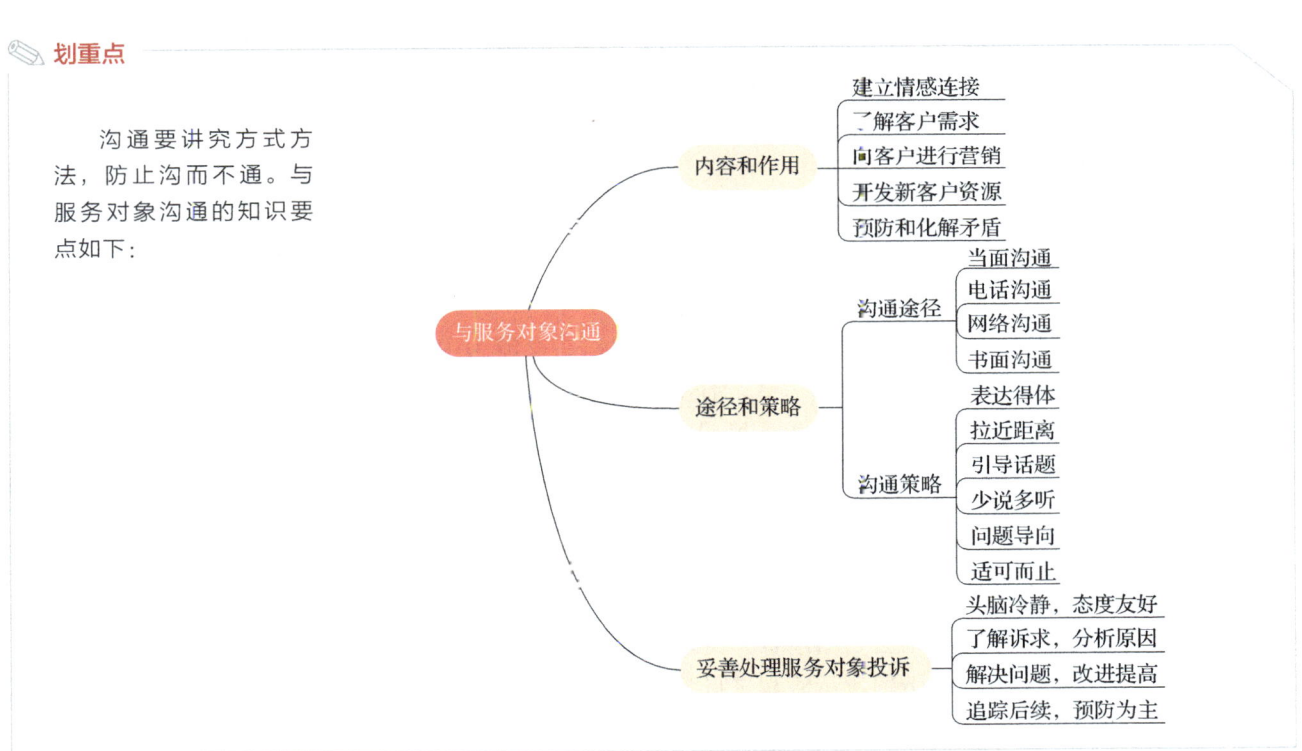

任务练习与思考

扫二维码，完成与服务对象沟通能力测试题。

知识链接：
沟通的四维模型

能力测试：
与客户沟通能力测试题

任务三 实现合作共赢（群体沟通）

群体沟通指的是组织中两个或两个以上相互作用、相互依赖的个体为了达到共同的目标，进行的信息传递和交流，是增加群体凝聚力，消除冲突，保持群体一致性的重要手段。群体沟通既能协调群体内外的关系，又能满足群体成员的心理需要，是人际沟通中必不可少的一种形式。

任务情景

唐欣是新上任的行政部经理，她打算召开一次部门会，针对行政部以往存在的工作作风问题，开展一次反思自查。会议开始不久，一位老员工轻描淡写谈了一点无关自己痛痒的缺点，就开始不断倒苦水，指责市场部对行政部的苛责，其他员工也愤愤不平，会议逐渐被带离既定主题。唐欣看大家群情激奋，没好意思打断，任大家说了个痛快，结果预定半小时的会议开了两个小时。

唐欣认为大家的意见也不是完全无理取闹，行政部与市场部确实存在一些工作上的扯皮现象，她将意见整理汇总并做了细致的调查后，与市场部开展了一场小规模谈判，明确了各自的职责范围，以便今后更好地进行合作。

明确任务

无论在工作或生活中，群体沟通和"谈判"都是不可避免的，而好的沟通技巧又是一门艺术，能帮助我们与他人达成共识，是处理人际关系的有效方法。如何掌握好这当中的艺术，是职场人的必修课程。

> 群体沟通有哪些策略？谈判的流程和技巧是什么？
>
> **敲黑板**

知识讲解

会议和商务谈判是两种常见的群体沟通形式。掌握相关策略和方法，有利于达成共识，实现合作。

知识点一　会议沟通

会议是一种围绕特定目标开展的、组织有序的、以口头交流为主要方式的群体性活动，同时会议也是为发挥特定功能进行的一种多项沟通方式。任务情景中唐欣作为新上任的行政部经理，面对会议被带离主题，严重超时，却没有及时果断叫停，既没有达到会议的目的又没有很好地展示自己对团队及会议的掌控能力，可见其会议沟通的能力还有待加强。会议的组织召开有一定之规，如果不够规范，就不能产生理想的结果。会议沟通应注意以下几个方面。

1. 会议准备

为准备会议而花费的时间不会白白浪费，良好的准备是会议成功的一半。

会议准备阶段，可以遵循下图所示流程进行筹备。

知识拓展：
会议准备

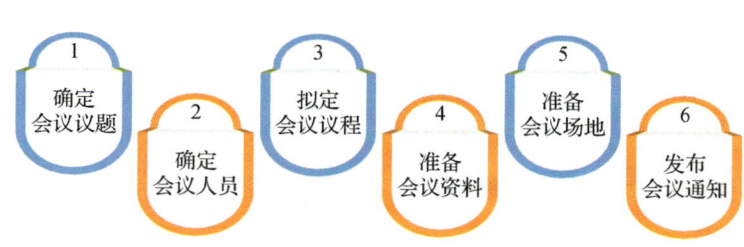

● 会议准备阶段流程

140　现代礼仪与沟通

2. 会议召开

（1）会议开始 主持人宣布会议开始，促与会者集中精神。明确会议的意义和目标，使与会者心中有数。介绍参会人员，说明会议议程，明确会议纪律和其他注意事项。

（2）会议进行 会议中主持人应有较强的控场能力，保证会议在严肃、友好的氛围中有序进行。主持人应具备的能力见下表。

主持人应具备的能力	遇到的问题	解决方案
掌控会议节奏	当有人打岔时	礼貌提醒应耐心等待他人表述完整再补充或纠正
	当有人跑题时	重申会议主题，提示先讨论核心议题，其他问题日后详谈。坚持"一时一事"原则，即讨论完一个议题，再进入下一个议题
	当有人发生争执时	对事不对人，将注意力集中到论点本身，征求其他人意见，主持人发表个人看法
把握会议时间	当有人讲话超时时	适时打断，提醒精简发言，给其他人交流机会
	当无法得出结论时	如果超出时间仍然无法得出明确结论，先行记录，暂缓讨论，先进行下一项议题
做好会议记录	规范记录会议情况	记录会议基本信息、发言顺序、主要观点等
	及时发放会议纪要	会后尽快将整理好的会议纪要发送至相关人员，明确任务
	妥善保存会议记录	做好会议记录归档工作，方便随时查阅

（3）会议结束 总结会议成果，公布会议决议，明确下一步任务目标，向与会者表达谢意，宣布会议结束。

3. 会后事宜

会后要做好清理会场、整理资料、跟进执行三方面工作。

会后事宜如下图所示。

● 会后事宜

即时讨论

会议主持人的主要任务有哪些？

 提示

会议主持人的任务包括：掌握会议的方向和时间；动员与会者的参与和投入；随时掌握会议动态；协调会议中的冲突与矛盾；适时得出决议等。

● 会议场景

即时演练

假如你是学生会文体部负责人，在召集本部门人员开会时，遇到下述情况，你该如何应对？

1）小明对小伟有些意见，会上对小伟进行人身攻击；
2）小月在会上默不作声，不管正确与否，从不发表意见；
3）小红思维活跃，总爱打断主持人的讲话，对会议内容进行评价，时常导致会议主题难以正常进行。

知识点二　商务谈判

知识链接：
商务谈判的分类

商务谈判是买卖双方为了促成交易而进行的活动，或是为了解决买卖双方的争端，并取得各自的经济利益的一种方法和手段。小到个人层面，大到国家层面，谈判的应用十分普遍。近年来备受瞩目的国家医保谈判（国家医保局组织谈判专家与药企进行谈判），就是以保障十几亿人民健康为最终目标的高级别谈判，是一项体现国家意志和决心的惠民工程。随着一批又一批新药好药谈判成功，肿瘤、慢性病、罕见病等的治疗成本大幅降低，实实在在减轻了患者的经济负担，规范了药品生产流通秩序，对引导我国医药产业健康发展具有重要意义。

根据谈判双方的输赢导向不同，谈判通常分为对抗性谈判和合作性谈判。

1. 谈判准备

谈判的准备工作有信息研判、确定目标、组建队伍、形成方案、模拟演练等，见下表。

步骤	具体工作
信息研判	收集己方及对方与谈判相关的各种数据和资料，比较双方优劣势。信息尽量详细，包括对手的背景、资历、性格、习惯等，如果是组织间的谈判，还应考虑政治、法律、经济、文化、技术、环境等多方面的因素
确定目标	结合自身需求和双方实力对比，设定预期目标。预期目标是谈判者单方希望达成的理想目标，其实现程度取决于各种主客观条件。同时还应明确最大让步程度，为谈判留出合理回旋区间
组建队伍	素质技能过硬的谈判队伍是谈判成功的关键。谈判人员应具备良好的职业道德、扎实的业务基础、良好的意志品质、优秀的沟通能力、丰富的谈判技巧和经验
形成方案	将谈判目标、谈判人员、谈判步骤、谈判策略、结果预估等以文字形式编制方案，确保谈判顺利开展
模拟演练	提前"彩排"，尽可能全面地预测可能出现的各种情况并推演应对策略

2. 谈判程序

谈判程序如下图所示。

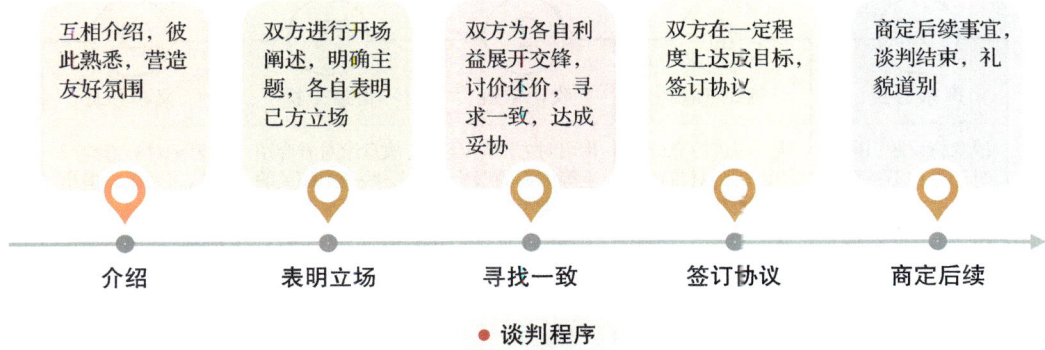

● 谈判程序

3. 谈判策略

（1）针对谈判人员的策略 此种策略主要是心理战术，是通过给对方施加心理压力或以情感人的方法促使对方让步的谈判策略。

针对谈判人员的策略主要有疲劳法、沉默法、激将法、示弱法等。

针对谈判人员的策略如下图所示。

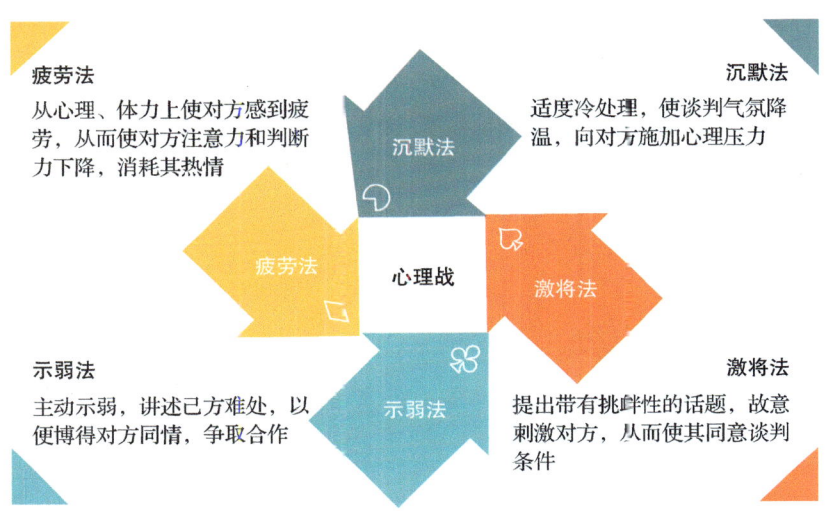

● 针对谈判人员的策略

即时演练

判断下列情况属于哪种谈判策略。

A. 疲劳法　　　　B. 沉默法　　　　C. 示弱法　　　　D. 激将法

先给对方安排游玩项目，消耗对方精力，在对方疲劳状态下一举攻破其防线。（　　）

对方咄咄逼人，我方不马上回应，同时给自己留出思考空间。（　　）

跟对方讲述不易，使对方想要出手帮助己方。（　　）

说对方的产品没有突出亮点却比别家贵，如果不降价就换别家合作。（　　）

（2）针对谈判内容的策略 针对谈判内容的策略有声东击西、货比三家、吹毛求疵、信息干扰、最高预算等，如下图所示。

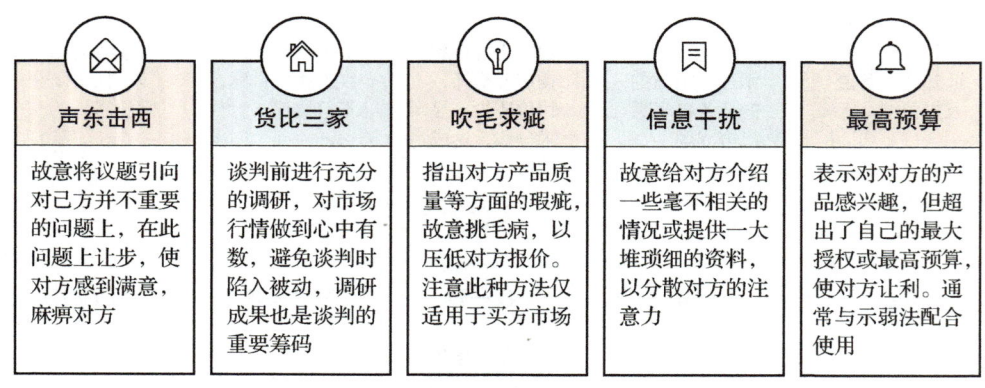

● 针对谈判内容的策略

此外，还有红脸白脸法、最后期限法、针锋相对法、软硬兼施法、以退为进法、化整为零化零为整法、强调双赢法等。

现代商务谈判中，熟练掌握并灵活运用相关策略，多法并举、多路迂回、多方努力，促使对方顺理成章地做出让步，不仅能使己方在整个谈判过程中始终处于主导地位，而且能在实现双赢目标的同时为己方带来更多的利益。

✎ 划重点

会议、商务谈判最终的目的都是解决问题，求同存异，争取合作，共谋发展。群体沟通的知识要点如下：

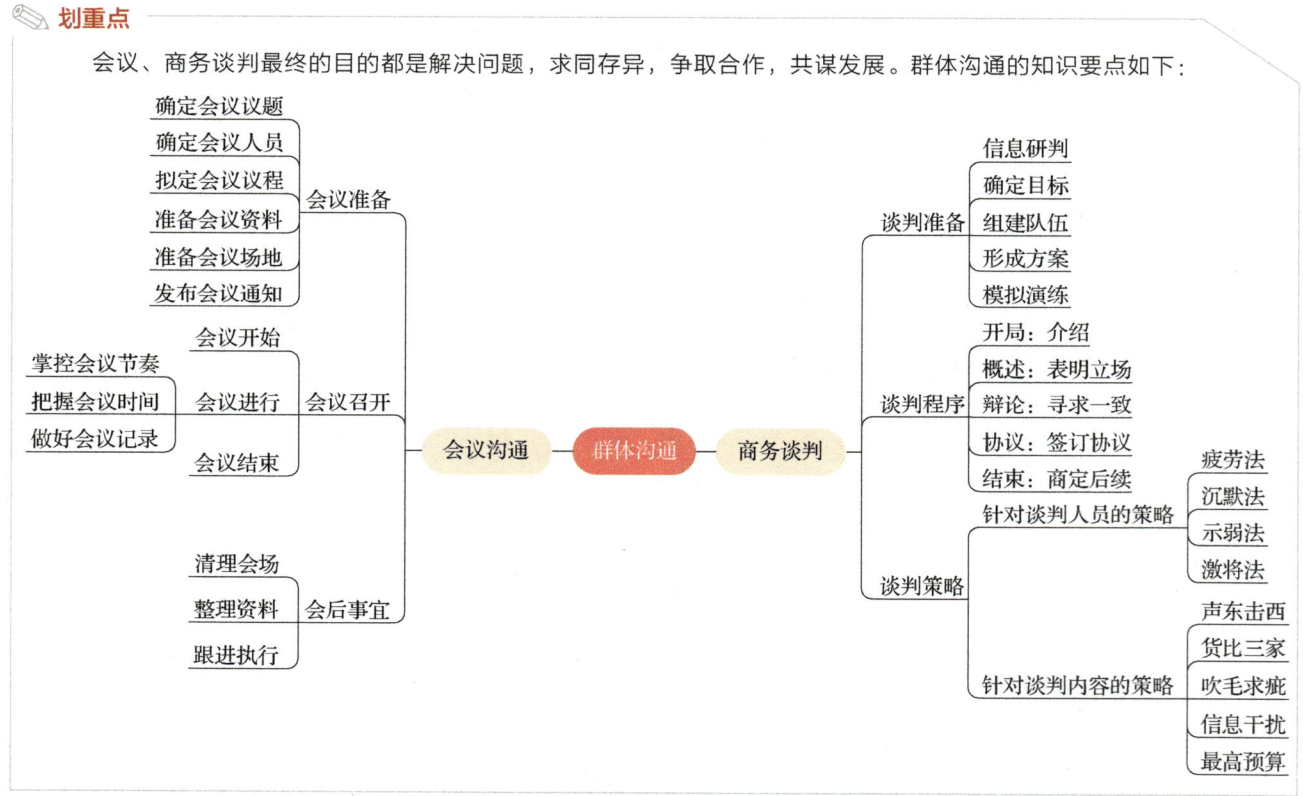

✓ **任务实施**

行政部负责人唐欣与市场部负责人李明就即将举行的年度产品发布会活动策划资金标准进行谈判，谈判目标是确保活动既符合品牌形象，又在30万元的预算范围内。请针对市场部负责人李明列出的活动预算表，6人一组，两组分别代表行政部与市场部进行谈判。

项目类别	金额预算	备注
场地租赁	场地租赁：80000元	市中心酒店宴会厅，可容纳500人，含基本布置
设备租赁	音响设备：20000元	含调音台、无线麦克风、主扩声音箱、监听音箱等
	灯光设备：15000元	含追光灯、染色灯、LED灯等，确保现场照明效果
	影视设备：10000元	含LED屏幕、视频切换台等，满足现场演示需求
嘉宾邀请	演讲嘉宾费：100000元	邀请6位行业知名人士，每人演讲费20000元（含往返机票、住宿费用）
	额外嘉宾费：20000元	预留费用邀请临时嘉宾或应对意外情况
宣传材料制作	海报设计与印刷：8000元	设计公司报价，设计费2000元，印刷费6000元（A1尺寸，1000张）
	传单设计与印刷：10000元	设计费2000元，印刷费8000元（A5尺寸，20000张）
	邀请函设计与印刷：6000元	设计费1500元，印刷费4500元（高档纸质，300份）
	展板设计与制作：6000元	设计费1500元，制作费4500元（易拉宝形式，10块）
餐饮服务	茶歇费用：12000元	预计参会人数400人，每人茶歇费用30元（含咖啡、茶、小点心等）
	午餐费用：24000元	预计5桌，每桌4800元（含酒水）
	晚宴费用：24000元	预计5桌，每桌4800元（含酒水）
其他费用	交通费：6000元	预计参会嘉宾及工作人员交通费用，含市内交通及部分外地嘉宾接送
	保险费：3000元	活动场地、设备、人员保险费用，按活动总预算的1%计算
	紧急备用金：6000元	预留紧急备用金，应对不可预见费用
总金额		350000元

谈判要求：针对有争议的部分，双方共同寻找替代方案，如通过内部资源解决部分需求、寻找赞助等。

● 谈判场景

❓ 任务练习与思考

1. 模拟谈判

一组模拟卖方，一组模拟买方，每组3人。卖方初报价200万元，底价为140万元，即最多有60万谈判空间。请结合实际对细节进行适当补充，撰写谈判大纲，开展模拟谈判。

2. 谈判能力测试

扫描二维码，完成谈判能力测试。

能力测试：
谈判能力测试

参考文献

[1] 杜慕群,朱仁宏.管理沟通[M].2版.北京:清华大学出版社,2014.

[2] 吕宏程.职场沟通实务[M].2版.北京:北京大学出版社,2016.

[3] 齐藤由美子.向上沟通的高手[M].吴限,译.北京:人民邮电出版社,2023.

[4] 图恩.沟通的力量:极简沟通的四维模型[M].冯珊珊,译.天津:天津人民出版社,2020.

[5] 杨雅蓉.高端商务礼仪:快速成为职场沟通达人[M].北京:化学工业出版社,2021.

[6] 叶小鱼.职场沟通技巧[M].北京:人民邮电出版社,2023.

[7] 杨雅蓉.高端商务礼仪:快速成为职场沟通达人[M].北京:化学工业出版社,2021.

[8] 黄漫宇.结构化表达:如何汇报工作、演讲与写作[M].北京:机械工业出版社,2020.